Aljoscha A. Schwarz • Ronald P. Schweppe
Das Lexikon der Körpersprache

Aljoscha A. Schwarz • Ronald P. Schweppe

DAS LEXIKON DER KÖRPER SPRACHE

Mit Zeichnungen von Thomas Frenzel

MOEWIG

© by VPM Verlagsunion Pabel Moewig KG, Rastatt
Originalausgabe
Alle Rechte vorbehalten
Printed in Germany 1998
ISBN 3-8118-1395-1

INHALT

Vorwort

Ein Blick kann mehr als tausend Worte sagen. Doch nicht nur Blicke sprechen Bände. Wer gelernt hat, auf die geheimen Signale zu achten, die der Körper tagtäglich im Berufs- und Privatleben aussendet, dem wird es leichtfallen, seine Mitmenschen besser zu verstehen. Denn jede Körperhaltung, jede kleine Handbewegung, jeder Gesichtsausdruck, ja selbst die Art, wie jemand sitzt, steht oder geht, kann dem aufmerksamen Beobachter viele wertvolle Informationen vermitteln – nicht nur im Verlauf einer Begegnung, sondern auch schon, bevor nur ein einziges Wort gesprochen wurde.

Menschen drücken sich nicht nur durch Worte, sondern eben auch über ihren Körper aus. Mit dem vorliegenden Buch haben wir versucht, Ihnen einen Schlüssel an die Hand zu geben, der Ihnen dabei helfen wird, Botschaften zu entschlüsseln, die andere Menschen oft unbewußt aussenden. So erfahren Sie etwa, woran Sie jemanden erkennen können, der unsicher ist, oder wie ein Mensch Aggressionen auf subtile Weise andeutet, oder wie Gefühle der Trauer, der Freude, des Zweifels oder des Vertrauens zum Ausdruck gebracht werden.

Wenn Sie lernen, genauer hinzusehen, werden Sie bei anderen mit der Zeit selbst feinste Stimmungsnuancen erkennen können. Sie werden buchstäblich sehen, ob Ihr Gegenüber aufmerksam oder gelangweilt, offen oder verschlossen, flirtbereit oder ablehnend ist und ob sich der andere in Ihrer Gegenwart entspannt und geborgen oder verunsichert und verkrampft fühlt.

Die Körpersprache ist zweifellos eines unserer wichtigsten Kommunikationsmittel. Wer die Körperbotschaften anderer deuten und die eigenen bewußt einsetzen kann, wird nicht nur seine Kommunikationsmöglichkeiten verbessern, er wird auch darauf achten, Mißverständnissen und Problemen im Beruf und im Privatleben entgegenzuwirken. Aus diesem Grund finden Sie im vorliegenden Lexikon zahlreiche Tips, die Ihnen ganz konkret dabei helfen, Ihre eigene Körpersprache zu beobachten und, wenn nötig, zu korrigieren. So können Sie beispielsweise lernen, körpersprachliche Signale bewußt einzusetzen, um selbstbewußter aufzutreten, Ihren Worten mehr Nachdruck zu verleihen und Ihre Ziele schneller zu verwirklichen. Darüber hinaus können Sie durch kleine Veränderungen in der Körperhaltung, der Atmung und der Stimme auch Ihre innere Haltung und Ihre Stimmung verbessern. Ebenso wie sich innere »Haltungsfehler« im Äußeren spiegeln, werden äußere Haltungsverbesserungen sich positiv auf Ihr Innenleben auswirken.

Neben vielen praktischen Tips und der Beschreibung national und international üblicher Gesten und körpersprachlicher Rituale wollen wir Ihnen auch eine kleine Einführung in die Geschichte und Entwicklung der Körpersprache anbieten. Alles in allem versteht sich das Körpersprache-Lexikon also gewissermaßen als ein kleiner Reise- oder Sprachführer in die faszinierende Welt der Körpersprache. Und so bleibt uns nur noch, Ihnen für diese Reise, auf der Sie viele wertvolle Erfahrungen sammeln und wohl auch manche Überraschung erleben können, viel Vergnügen zu wünschen.

Ronald Schweppe und Aljoscha A. Schwarz,
München

Einführung

Sicherlich haben Sie es schon erlebt, daß Sie in einem Café sitzen und einige der anwesenden Gäste Ihre Aufmerksamkeit stärker hervorrufen als die übrigen. Oftmals werden unsere Blicke von klar erkennbaren Gründen wie Attraktivität, auffälligen Gesten oder nicht zu überhörenden Äußerungen geleitet, manchmal fühlen wir uns aber auch auf unbestimmbare Art und Weise von anderen Menschen angezogen oder abgestoßen. In Ihrer Rolle als Beobachter machen Sie sich augenblicklich ein Bild des Geschehens und können sofort mit hoher Sicherheit feststellen, wie die Personen zueinander stehen, auch wenn Ihnen die Gesprächsinhalte verborgen bleiben. Diese Art der Kommunikation, die ganz ohne Sprache auskommt, begleitet uns ständig, ob wir es wollen oder nicht, denn es sind die Signale des Körpers, die wir ebenso unbewußt empfangen, wie wir sie auch aussenden.

Das ständig wachsende Angebot an Reizen in Form von Zeitschriften, Radio und Fernsehen sowie die Informationsfülle, mit der uns neue Medien wie das Internet überfluten, basieren in erster Linie auf der Sprache als Informationsträger, wodurch der Eindruck entstehen könnte, Körpersprache sei ein nutzloses Relikt aus Zeiten, in denen der Mensch noch nicht einmal Steinwerkzeuge besaß. Daß das ein Trugschluß ist, wird deutlich, wenn wir uns eine Welt ohne Gesten, Gesichtsausdrücke und Körperhaltungen vorstellen – eine Welt, in der wir uns praktisch nur telefonisch oder schriftlich unterhalten könnten.

Die Basis für die nonverbale Kommunikation finden wir in Phänomenen, die von der Kinesik und der Proxemik untersucht werden. Kinesik ist die wissenschaftliche Erforschung der kommunikativen Form und Bedeutung von Körperbewegungen. Sprechen wir von Körpersprache, so meinen wir in erster Linie die mit Kinesik umschriebenen Handlungsmuster, also alles, was unter den Begriffen Gestik und Mimik zusammengefaßt werden kann. Sie bildet auch den Themenschwerpunkt dieses Buches, weshalb an dieser Stelle ein kleiner Exkurs in die Proxemik erlaubt sei, die uns auf ähnlich subtile Weise durch das Leben begleitet wie die Körpersprache.

Die Proxemik untersucht, auf welche Art der Mensch den ihn umgebenden Raum nutzt, um nonverbal Informationen auszutauschen, oder, anders gesagt, welches Revierverhalten er an den Tag legt.

Jeder von uns kennt das unangenehme Gefühl, in überfüllten U-Bahnen oder Aufzügen von »distanzlosen« Menschen umgeben zu sein, und das erleichterte Aufatmen, wenn wir wieder genügend Platz haben. Wir teilen ständig Lebensraum mit anderen Individuen, und unbewußt beanspruchen wir dabei auch den uns zustehenden Raum. Je nachdem, wie vertraut wir miteinander sind, lassen wir die anderen mehr oder weniger in unser Revier eindringen, das wir uns wie eine imaginäre Zwiebel mit ihren verschiedenen Schalen vorstellen können. Die innerste Schale markiert die kleinste Distanz, die intimste Zone mit körperlicher Berührung, die in erster Linie bei Liebespaaren oder in Familien zu beobachten ist. Mit abnehmender Vertrautheit nimmt dann die Entfernung zu. Die Proxemik unterscheidet zwischen intimer, persönlicher, gesellschaftlicher und öffentlicher Zone beziehungsweise Distanz. Der intime und persönliche Abstand liegt bei maximal etwas über einem Meter und läßt die Möglichkeit einer Berührung zu; er gilt für Kinder, Partner und Freunde. Der gesellschaftliche und öffentliche Abstand liegt jenseits des persönlichen Abstands und gilt, wie schon der Name vermuten läßt, für das geschäftliche Leben, die Erledigung aller unpersönlichen Dinge, aber auch im Umgang mit gesellschaftlich übergeordneten Personen.

Wer schon einmal in arabischen Ländern war, der weiß allerdings, daß diesbezüglich große kulturelle Unterschiede bestehen
und ein einheitliches Maß an Distanz, mit dem alle zufrieden
sind, nicht gefunden werden kann. Während der Engländer
schon leicht zu schwitzen beginnt, wenn die Schirmspitze seines Nachbarn weiter als einen halben Meter in sein Hoheitsge-
biet auf dem Gehweg eindringt, wird der Araber nicht recht
froh, wenn er nicht ab und zu Ihren Atem im Gesicht spürt.

Wie gut das Revierverhalten funktioniert, können Sie in einem
kleinen Experiment ausprobieren, wenn Sie das nächste Mal mit
einem Freund oder Bekannten in einem Restaurant sitzen. Drin-
gen Sie einfach einmal in sein Revier ein, indem sie unauffällig
einzelne Gegenstände aus Ihrer Tischhälfte in die Ihres Gegenübers bringen. Beginnen Sie beispielsweise mit einem Salzstreuer, lassen Ihr Besteck und Ihren Teller folgen, und beobachten Sie die wachsende Unruhe Ihres Tischgenossen, der
sich mit zunehmender Revierverletzung unwohler fühlt. Interessanterweise wird ihm der Grund seines Unwohlseins gar nicht
bewußt sein, bis Sie ihm gesagt haben, was geschehen ist. Aus
diesem Grund sollten Sie auch unbedingt ein klärendes
Gespräch folgen lassen, um keine ungewollten Spannungen zu
schaffen.

Um die Abläufe nonverbaler Kommunikation und so archa-
ische Prinzipien wie das Revierverhalten etwas besser verstehen
und interpretieren zu können, ist es sinnvoll, daß wir uns den
Ursprüngen unserer Kommunikation nähern. Dazu müßten wir
weit in die Vergangenheit zurückreisen, in eine Zeit, in der die
Wiege der Menschheit stand; doch wir können auch den Blick
ins Tierreich werfen, um ihn auf unsere nächsten Verwandten zu
richten.

Den Grundstein zur Erforschung der Körpersprache legte
Charles Darwin (1809–1882) mit seinem Buch *Der Ausdruck*

von Emotionen bei Mensch und Tier (1872), nachdem er bereits der damals ziemlich überraschten Gesellschaft mit seinem Werk *Die Entstehung der Arten* (1859) ihre »äffischen« Verwandten vorgestellt hatte. Darwin nahm an, daß die primäre Mimik, mit der ganz grundlegende Gefühlsregungen dargestellt werden, vererbt sei. Eine These, die nach Jahrzehnten der Anfeindung schließlich erst in den sechziger Jahren des 20. Jahrhunderts wissenschaftlich bewiesen werden sollte.

Betrachten wir die Primaten, also die Menschenaffen, so blicken wir in den Spiegel, der uns unsere stammesgeschichtlichen Wurzeln zeigt, und können sehr leicht nachvollziehen, auf welche Art und Weise unsere Kommunikation entstanden ist. Wie wir, so sind auch Primaten soziale Lebewesen, die sich in eine Gruppe einfügen und darin zurechtfinden müssen. Um erfolgreich in ihrem sozialen Umfeld bestehen zu können, sind sie auf den Austausch mit den übrigen Gruppenmitgliedern angewiesen. Während der Mensch im Laufe der Evolution eine hochkomplexe verbale Sprache entwickelt hat, sind Primaten in ihrem Kommunikationsrepertoire weitgehend auf Posen, Gebärden und Gesichtsausdrücke angewiesen, mit denen sie überlebenswichtige Informationen in der Gruppe zum Ausdruck bringen.

Sie demonstrieren den Status, der sich in Dominanzverhalten oder Unterordnung zeigt, und lassen Revieransprüche sowie emotionale Botschaften wie Zu- und Abneigung durch Mimik und Gestik erkennen.

Interessant ist in diesem Zusammenhang auch die Frage, wer nun die leistungsfähigere Mimik hat. Ist es ein Schimpanse, der über keine Wortsprache verfügt, mit Hilfe seiner Mimik aber dennoch sehr komplexe Sachverhalte einschließlich geschauspielerter Signale mitteilen kann, oder ist es der Mensch, der ein überaus differenziertes Wortsystem besitzt, mit dessen Hilfe jeder Sachverhalt ausgedrückt werden kann? Obwohl der Schluß naheliegt, daß Primaten die ausdrucksfähigere Mimik haben müßten, konnte wissenschaftlich nachgewiesen werden, daß der Mensch aufgrund seiner vielseitiger ausgebildeten mimischen Muskulatur hier auf jeden Fall der Überlegene ist.

Ein Besuch im Zoo kann für den aufmerksamen Beobachter eine interessante Lehrstunde über die körpersprachlichen Gemeinsamkeiten zwischen unseren tierischen Vorfahren und uns selbst sein. Verfolgt man einmal das Treiben in einer Schimpansengruppe, so fallen doch recht viele beiden gemeinsame Verhaltensweisen auf. Die Mutter umarmt schützend ihre Kleinen, ein Schimpansenweibchen hält einem Männchen die offene Hand als Zeichen der Kontaktaufnahme hin, die Tiere schürzen zur Begrüßung die Lippen, machen also einen »Kußmund«, oder nehmen gegenüber dem Überlegenen eine gebeugte Körperhaltung ein. Ein Verhalten, das bei Menschen sicherlich im Mittelalter zum Überleben des Lakaien beitrug, wenn er sich seinem Herren näherte, und auch heute noch, wenn auch in abgeschwächter Form, in dem einen oder anderen Beschäftigungsverhältnis zu beobachten ist.

Evolutionsgeschichtlich erst spät entstand aus einfachen Lautartikulationen eine eigentliche Sprache, die sich bis heute zu jenem machtvollen und differenzierten Werkzeug entwickelt hat, mit dessen Hilfe der Mensch sein gegenwärtiges hohes kulturelles und technisches Niveau erreichen konnte. Aufgrund der wesentlich vielseitigeren und komplexeren Laut- und Schriftsprache ist die einstmals so wichtige Körpersprache mehr und mehr zu einem begleitenden und unterstützenden Element der Kommunikation geworden. Mit ihrer Hilfe sind wir in der Lage, das gesprochene Wort zu verstärken, seine Bedeutung zu verändern oder sogar ganz zu ersetzen, wenn es zum Beispiel aus Gründen der Geheimhaltung oder der Entfernung nicht möglich ist zu sprechen. Durch die Signale unseres Körpers spiegeln wir aber auch bewußt oder unbewußt unsere Gefühle und Meinungen wider und erhalten umgekehrt natürlich auch viele wertvolle Informationen von unserem Gegenüber.

Abgesehen von diesen direkten Aufgaben, fungieren unsere Gebärden und die Mimik aber auch als Werkzeuge der sozialen Kommunikation, indem sie unter anderem nach außen den Status unserer Beziehungen und unseren sozialen Rang wiedergeben. Das folgende Beispiel soll verdeutlichen, was hiermit gemeint ist: Auf einer Party stehen vier Gäste relativ eng beisammen und unterhalten sich angeregt. Anscheinend kennen sich die vier recht gut, denn Sie können beobachten, daß auch gelegentliche Berührungen stattfinden. Von einer Seite, an der der Kreis ein wenig geöffnet ist, nähert sich ein außenstehender Gast auf der Suche nach Anschluß. Bei seiner Annäherung verlangsamt er seine Schritte und bewegt sich, körpersprachlich nach Einlaß fragend, auf die Öffnung zu. Nun können zwei verschiedene Antworten erfolgen. Im ersten Szenario schließen die vier ihren Kreis noch enger und signalisieren dem »Eindringling« unmißverständlich, daß sie keinen weiteren Teilnehmer wünschen, während die zweite Möglichkeit darin besteht, daß die Gruppe die »Eintrittspforte« weitet und den Gast willkommen heißt. Das alles läuft ab, ohne daß jemand auch nur eine Silbe spricht.

Da es die Körpersprache schon lange gab, bevor wir entwicklungsgeschichtlich in der Lage waren, uns mit Hilfe artikulierter Wörter zu verständigen, wird sie von relativ alten Bereichen des Gehirns gesteuert und entschlüsselt; es handelt sich dabei um dieselben Zentren, die auch als Sitz der Emotionen gelten. Ihre Wahrnehmung fällt aus diesem Grund in einen Bereich, der sich in der Regel unserem bewußten Zugriff verwehrt, wodurch es unserem Körper, ganz im Gegensatz zur verbalen Kommunikation, auch weitgehend unmöglich ist zu lügen. Eine Ausnahme bildet dabei unser Gesichtsausdruck, den wir relativ gut willkürlich kontrollieren können, wodurch wir auch unsere wahren Absichten zu verschleiern vermögen. Weniger gut gelingt uns dies mit dem Rest des Körpers und unserer Stimmlage. Um unseren Mitmenschen glaubwürdig und kompetent zu erscheinen, ist es deshalb wichtig, daß sich die Aussagen unserer Worte mit denen des Körpers decken und eine echte Kommunikation stattfindet – ein Ziel, das Sie mit Hilfe des vorliegenden Buches erreichen können.

Indem wir wieder lernen, die unbewußten Botschaften unseres Gegenübers in die Unterhaltung mit einzubeziehen, werden wir in der Lage sein, Gesprächsinhalte besser beurteilen zu können. Andererseits wird es uns dadurch auch möglich sein, unsere eigenen Interessen klar und unmißverständlich zum Ausdruck zu bringen. Durch ein besseres körpersprachliches Verständnis können wir aber nicht nur in unseren sozialen Kontakten erfolgreicher werden, sondern darüber hinaus, durch das erhaltene Feedback, ein neues, verbessertes Bild von uns selbst aufbauen, das entscheidend zu einer positiven Grundhaltung und damit zu einer besseren Lebensqualität beiträgt.

Betrachten wir das menschliche Repertoire an Gesten, so können wir zwischen vererbten und angelernten Verhaltensweisen unterscheiden.

Zu den ererbten Reaktionen zählen Gesichtsausdrücke, die grundlegende Emotionen wie Freude oder Traurigkeit vermitteln. So sehen schon Babys traurig oder fröhlich aus, ohne dies je gelernt zu haben, und verstehen auch die entsprechenden Gesichtszüge ihrer Eltern. Interessant in diesem Zusammenhang ist auch unsere eigene unwillkürliche Reaktion auf die uns dargebotenen Reize. So fallen wir alle blindlings auf recht einfache Gesichtsattrappen herein. Der Adler erscheint uns als besonders edel, weil er einerseits überdachte Augen hat und andererseits schmale, herabgezogene Mundwinkel – ein hervorragender Ausdruck für heldische Entschlossenheit. Im Gegensatz dazu erscheint uns das Kamel als hochmütig, weil seine Nasenlöcher in Relation zu den Augen zu hoch liegen. Laut Konrad Lorenz übertragen wir dieses Mimikschema sogar auf Hauswände, die uns einladend, freundlich oder kühl vorkommen. Ebenfalls zu den vererbten Handlungsweisen zählen das Saugen an der Mutterbrust, das Kopfschütteln als Verweigerungsgeste und das Herausstrecken der Zunge als Zeichen des Mißfallens. All diese Verhaltensweisen können bereits bei Kleinkindern ohne eigene Lernerfahrung beobachtet werden. Später tauchen diese Muster in teilweise abgewandelter Form wieder auf. Denken Sie etwa an das Daumenlutschen, Nägelbeißen, Bleistiftkauen und das Rauchen – alles Angewohnheiten, denen die orale Komponente des Saugens zugrunde liegt.

Abgesehen von diesen angeborenen Verhaltensweisen übernehmen wir jedoch den größten Teil unserer Gestik – entweder bewußt, meist jedoch unbewußt – von anderen oder entdecken sie sogar selbst.

Zu letzteren Gesten gehören beispielsweise das Verschränken der Arme oder das Überkreuzen der Beine. Nachdem wir uns im Kindesalter selbst als Individuum wahrgenommen und erkannt haben, daß wir einen eigenen Körper besitzen, der unserem bewußten Willen folgt, entdeckten wir diese Körperhaltungen bei dem Versuch, uns bequem hinzusetzen beziehungsweise unsere Gliedmaßen in einer für uns angenehmen Weise zu positionieren.

Der überwiegende Teil der Gesten wird jedoch durch unbewußtes Nachahmen anderer Personen übernommen. Die Art und Weise, wie wir stehen, gehen, lachen oder gestikulieren, wird schon sehr früh aufgenommen, nachgeahmt und in das eigene Verhaltensmuster integriert. Sicherlich ist Ihnen auch schon einmal aufgefallen, daß die Mimik von Kindern oftmals der ihrer Eltern gleicht, beispielsweise wenn der Sohn auf eine Frage hin ebenso wie der Vater eine Augenbraue hebt oder die Stirn runzelt.

Neben den selbsterworbenen und unbewußt übernommenen Gesten erlernen wir verschiedene Aktionen aber auch durch bewußtes Training. Hierzu zählen beispielsweise das Winken, Händeschütteln oder der erhobene Daumen als Zeichen, daß alles in Ordnung ist.

Da der größte Anteil unserer Körpersignale durch Imitation anderer Personen ausgebildet wird, ist es naheliegend, daß es körpersprachliche Eigenheiten innerhalb der verschiedenen Kulturkreise gibt. Eine Ausnahme bildet dabei das Zeigen mit dem Zeigefinger; diese Geste finden wir überall, sogar beim Säugling. Sieht man einmal von den grundlegenden, allgemeinverständlichen Signalen ab, kann die Körpersprache bei der Verständigung zwischen Vertretern unterschiedlicher Kulturkreise durchaus einige Verwirrung stiften. Signalisiert beispielsweise der Franzose durch den Ringschluß von Daumen und Zeigefinger seiner rechten Hand dem Chefkoch, daß ihm die Bouillabaisse hervorragend gemundet hat, so fühlt sich dieser sicherlich geehrt. Sein südamerikanischer Kollege würde dagegen beim Anblick dieser Geste wohl eher den Griff zum Küchenmesser erwägen, da sie in seiner Heimat einen beleidigenden Charakter hat. Um Urlaubserlebnisse der eher unangenehmen Art zu vermeiden, sei es jedem aus diesem Grund angeraten, sich vor Antritt der Reise einen zumindest kurzen Einblick in die Sitten und Gebräuche des Gastvolkes zu verschaffen.

Betrachten wir nun die hier vorgestellten Teilaspekte der Körpersprache wie Revierverhalten, angeborene und vererbte Verhaltensweisen, tierische Analogien und kulturelle Eigenheiten, so könnte das Bild entstehen, bei der Körpersprache handle es sich um eine klar umrissene Wissenschaft, die wir ähnlich einer Fremdsprache nur erlernen müßten. In gewissem Maß mag das auch zutreffen, denn die Körperhaltungen ähneln in diesem Vergleich den Vokabeln, die es zu beherrschen gilt. Andererseits gibt es jedoch im körpersprachlichen »Alphabet« wesentlich differenziertere Überschneidungen, Doppeldeutungen und Interpretationsmöglichkeiten als in der Schriftsprache. Bei unseren Deutungen müssen wir uns deshalb stark von der Intuition leiten lassen, um zu den richtigen Schlüssen zu gelangen.

Für die richtige Auslegung unserer Beobachtungen ist es unumgänglich, alle Faktoren einer Konversation einschließlich ihrer Rahmenbedingungen mit einzubeziehen. Dazu gehört beispielsweise die Vorgeschichte einer Begegnung: Wie liefen frühere Gespräche mit ähnlichem Gesprächsinhalt ab? Wie sind die sozialen und kulturellen Bindungen der beteiligten Personen? Sind Sie allein mit Ihrem Gesprächspartner, oder bestehen sogar emotionale oder soziale Verbindungen zu anderen Anwesenden? Was fühlen Sie bei der Unterhaltung?

Oftmals geschieht es, daß mehrere körpersprachliche Signale zusammen auftreten, die einzeln für sich betrachtet eine gegensätzliche Bedeutung haben können, oder daß einzelne Gesten etwas anderes meinen als das Lehrbuch. So gelten die verschränkten Arme »normalerweise« als ein Zeichen der Abwehr, können aber im Zusammenhang mit einer entspannten Sitzhaltung auch die selbstzufriedene Gelassenheit einer Person ausdrücken, die sich in ihrer Haut sehr wohl fühlt.

Ein Paar, das nebeneinander mit zueinander überkreuzten Beinen sitzt, muß auch nicht unbedingt einen geschlossenen Kreis bilden, sondern es ist ebensogut möglich, daß es rein anatomisch einfach viel bequemer ist, beispielsweise immer das rechte über das linke Bein zu schlagen, weil man es sich so angewöhnt hat.

Diese Beispiele sollen nur noch einmal daran erinnern, nicht allzu voreilige Schlüsse aus dem Beobachteten zu ziehen, sondern erst nach gründlicher Bewertung aller beteiligten Faktoren und vor allem unter Zuhilfenahme Ihrer Intuition und des gesunden Menschenverstandes zu urteilen. Wenn Sie diese kleinen Tips berücksichtigen, wird Ihnen dieses Buch sicherlich viele wertvolle Hinweise geben können, die Welt auch einmal aus der Sicht Ihres Körpers wahrzunehmen, und Ihren Blickwinkel um viele faszinierende Facetten des bunten menschlichen Lebens bereichern.

VERZEICHNIS DER SCHLAGWORTE

Nachahmung
Nervosität
Niedergeschlagenheit, siehe
   Depression
Offenheit
Passivität
Respekt
Ruhe, siehe Entspannung
Schockiertsein
Schüchternheit, siehe Verle-
   genheit
Selbstbewußtsein
Selbstsicherheit, siehe Selbst-
   bewußtsein
Streß
Sympathie, siehe Offenheit
Tadel, siehe Kritik
Territorialverhalten, siehe
   Abgrenzung
Trägheit, siehe Passivität
Trauer
Trost, siehe Unterstützung
Überdruß, siehe Langeweile
Übereinstimmung
Überlegenheit, siehe Domi-
   nanz
Unaufmerksamkeit
Unaufrichtigkeit, siehe Lüge
Uneinigkeit
Ungeduld, siehe Nervosität
Unglaube, siehe Zweifel
Unruhe, siehe Nervosität

Unsicherheit
Unterwürfigkeit, siehe Min-
   derwertigkeit
Verabschiedung, siehe
   Abschied
Verlegenheit
Verletzung, siehe Beleidigung
Verschlossenheit
Verteidigung, siehe Abwehr
Weibliche Flirtsignale
Widerwille, siehe Ekel
Wohlbehagen
Wohlwollen, siehe Offenheit
Würdigung
Wut
Zärtlichkeit, siehe Zuneigung
Zorn, siehe Wut
Zuneigung
Zurückgezogenheit, siehe
   Verschlossenheit
Zweifel

KÖRPERSPRACHE VON A bis Z

Abgrenzung und Abwehr

Jeder Mensch benötigt Raum zum Leben. Ebenso wie Tiere ein bestimmtes, abgegrenztes Gebiet als ihr Revier betrachten, das sie gegen Angriffe von außen verteidigen, versuchen auch wir, unser Territorium instinktiv zu schützen. Abgrenzung ist notwendig und sinnvoll, denn nur indem wir anderen unsere Grenzen zeigen, können wir unser Ich sichern und uns in der Welt behaupten. Es gibt zahlreiche körpersprachliche Signale, die mit dem Thema »Grenzen«, »Abgrenzung« und »Abwehr« zusammenhängen. Wenn Sie in der Lage sind, diese Signale richtig zu deuten, werden Sie einen besseren Einblick in die oft unbewußten Abgrenzungsversuche Ihrer Mitmenschen bekommen und Fehler vermeiden können, die damit zusammenhängen, daß Grenzen mißachtet werden.

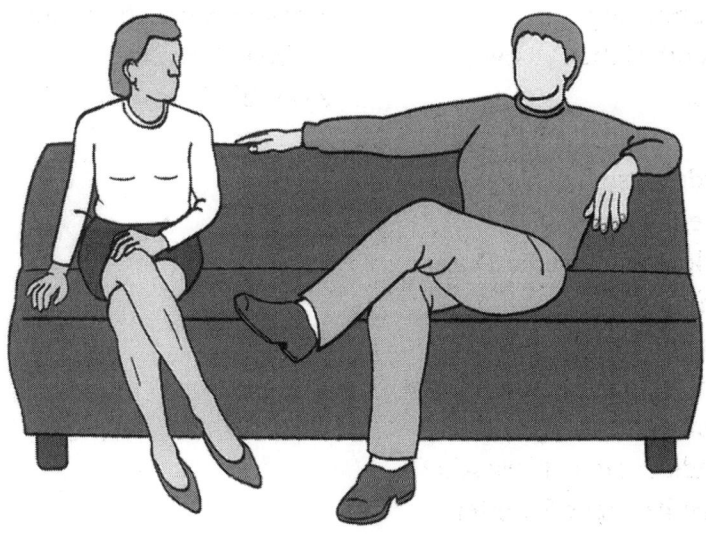

Abb. 1

Zunächst sollten wir bedenken, daß der Platzanspruch je nach Veranlagung und Neigung bei verschiedenen Menschen äußerst unterschiedlich sein kann. Wie aus Abbildung 1 ersichtlich, ist der Platzbedarf der links sitzenden Person im Vergleich zu ihrem Nachbarn äußerst bescheiden. Die Stellung der geschlossenen Beine und Hände sowie die eingenommene Fläche auf dem Sofa signalisieren ein Minimum an persönlichem Raumanspruch. Im Gegensatz dazu breitet sich der Herr zur Rechten ganz ungeniert aus und wirkt dadurch einerseits extrovertierter, andererseits auch selbstsicherer. Er versteckt seinen Gebietsanspruch in keiner Weise, dehnt er seine Grenzen doch nahezu über das ganze Sofa aus. Der individuelle Gebietsanspruch hängt mit Macht zusammen. Je mehr Macht ein Mensch besitzt, desto eher wird er für gewöhnlich dazu neigen, sein Revier entsprechend großzügig zu »markieren«.

Inwiefern die Ausdehnung der natürlichen Körpergrenzen durch Körpersignale dazu geeignet ist, den anderen in die Ecke zu drängen, ist eine andere Frage. Menschen, die dazu neigen, sich über ein bestimmtes, für ihr Wohlbefinden notwendiges Maß hinaus auszudehnen, wirken oft unsensibel, denn sie neigen dazu, das Revier ihres Gegenübers zu verletzen, auch wenn ihnen dies meist gar nicht bewußt ist.

• Tip: Körpersprache bewußt einsetzen
Sind Sie sich Ihres individuellen Platzanspruchs bewußt? Fällt es Ihnen leicht, Ihre persönlichen Grenzen zu wahren? Falls nicht, können Sie Ihre Körpersprache dazu einsetzen, sich besser abzugrenzen. Dazu genügt es oft schon, die natürliche Körpergrenze ein wenig »auszudehnen«, indem Sie sich zum Beispiel etwas breitbeiniger hinsetzen oder es Ihren Armen gestatten, sich seitlich auszudehnen. Ihr Gegenüber wird diese Signale unbewußt sofort empfangen, wodurch Sie sich automatisch mehr Freiraum schaffen können.

Abb. 2

Eine weitverbreitete Abgrenzungsgeste besteht darin, die Hände in die Hüften zu stützen und die Ellbogen nach außen weisen zu lassen. Ein Mensch, der diese Haltung einnimmt, gibt dadurch oft zu verstehen, daß er es nicht wünscht, daß man ihm zu nahe kommt. Die nach außen abgespreizten Ellbogen vergrößern das Territorium. Die Geste, die übrigens besonders häufig von Männern eingenommen wird, kann in Konfliktsituationen auch soviel bedeuten wie: »An mir kommst du nicht vorbei.« Eine Variation besteht darin, nur eine Hand in die Hüften zu stützen und den abstehenden Ellbogen in Richtung eines unerwünschten Gastes weisen zu lassen.

Abb. 3

Eine etwas galantere, aber doch recht deutliche Form der Abgrenzung besteht darin, die verschränkten Hände zu benutzen, um eine Barriere zwischen sich und seinem Gegenüber zu errichten. Gerade bei Geschäftsbesprechungen, bei denen sich einer der Partner in die Enge getrieben fühlt oder bei ihm auf andere Weise Widerstand hervorgerufen wird, können wir die in Abbildung 3 gezeigte Handhaltung oft beobachten. Die Person errichtet mit ihren Ellbogen und den nach oben weisenden Fingerspitzen eine Art »Körperzaun«, der entfernt sogar an einen Stacheldraht erinnert. Auf diese Weise wird meist unbewußt das Signal »Bis hierhin und nicht weiter« ausgesendet.

Es gibt einige Spielarten der abgebildeten Haltung. Beispielsweise können die Handflächen auch aufeinanderliegen und dadurch eine Gebetshaltung einnehmen, oder die abwehrenden Fingerspitzen können statt nach oben ebenso nach vorne weisen, wodurch sich die Geste von einer abgrenzenden in eine deutlich abwehrende Haltung verwandelt.

Sollten Sie bei Konferenzen oder Geschäftsbesprechungen bemerken, daß Ihr Gegenüber eine der aufgezählten Gesten bewußt oder unbewußt einsetzt, ist es wahrscheinlich an der Zeit, nach Kompromissen zu suchen und die Situation zu entschärfen.

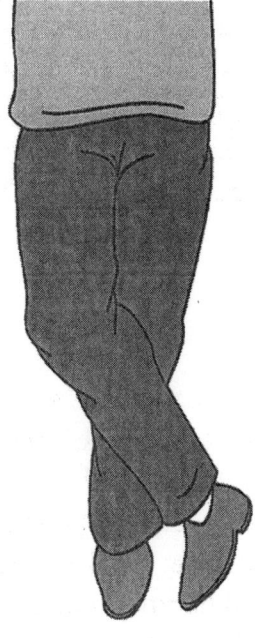

Abb. 4

Auch das Überkreuzen der Beine kann ein Zeichen für Abgrenzung oder Selbstschutz sein – vor allem, wenn es im Stehen erfolgt. Wenn Sie die in Abbildung 4 gezeigte Stellung einmal einnehmen, werden Sie sehen, daß es sich hier nicht gerade um eine bequeme Art zu stehen handelt, obwohl sie auf den ersten Blick vielleicht so aussehen mag. In der Tat können wir diese Beinstellung oft beobachten, wenn Menschen sich unbehaglich fühlen oder wenn sie in Gesellschaft von vielen Fremden sind und sich beispielsweise auf Versammlungen oder in Seminaren aufhalten müssen, was sie verunsichert.

Das Kreuzen der Beine oder Knöchel ist oft – wenn auch nicht immer – ein körpersprachliches Zeichen, das darauf hindeutet, daß der Betroffene bewußt oder unbewußt den Versuch unternimmt, »bei sich selbst zu bleiben«. Die verschlossene Haltung der Beine kann auf das Schützen der Genitalzone zurückgeführt werden und deutet in den meisten Fällen an, daß keineswegs der Wunsch besteht, den oder die anderen allzu nahe an sich heranzulassen.

Abb. 5

Eine sehr viel deutlichere Abwehrhaltung als die zuvor beschriebene besteht im gleichzeitigen Kreuzen der Beine und Verschränken der Arme. Sowohl die Arme als auch die Beine schützen auf diese Weise vor Angriffen von außen und errichten eine Barriere, die einen vor unerwünschten Annäherungen bewahren soll. In der in Abbildung 5 gezeigten Haltung wird sowohl der Unterkörper als auch der Oberkörper »geschlossen«, und es ist kein Wunder, daß wir zu einem Menschen, der in dieser Weise vor uns sitzt und uns womöglich auch noch gereizt anschaut, kaum Zugang finden werden, sofern wir unsere Gesprächsstrategie nicht verändern.

Bedenken Sie jedoch, daß es auch im Bereich der Körpersprache oft zu Fehlinterpretationen kommen kann, wenn Schlüsse allzu voreilig gezogen werden. Wenn Sie wirklich herausfinden wollen, ob Ihr Gegenüber eine Abwehrhaltung eingenommen hat, sollten Sie daher nicht nur auf den Gesichtsausdruck und die Muskelspannung, sondern auch auf die allgemeine Ausstrahlung achten.

> **• Tip: Körpersprache bewußt einsetzen**
> Wenn Sie sich das nächste Mal dabei ertappen, daß Sie mit verschränkten Armen, gekreuzten Beinen und einer allgemein angespannten Haltung auf Ihr Gegenüber reagieren, sollten Sie einmal bewußt darauf achten, wie sich diese Körperhaltung anfühlt. Können Sie noch frei atmen? Sind Ihre Muskeln verspannt oder gelöst? Wie fühlen Sie sich in dieser Haltung? Indem Sie damit beginnen, sich selbst in bestimmten Körperhaltungen genauer zu beobachten, können Sie viele wertvolle Informationen sammeln. Vielleicht wird Ihnen auch bewußt, wovor Sie sich eigentlich schützen wollen oder was genau Ihnen an der Situation unangenehm ist.

Beobachten Sie darüber hinaus, was passiert, wenn Sie die geschlossene Haltung auflösen, indem Sie beispielsweise die verschränkten Arme öffnen und entspannen. Wirkt sich dies auf Ihren Muskeltonus, auf Ihre Atmung und letztlich vielleicht auch auf Ihre Gefühle aus?

Abb. 6

Die Person in Abbildung 6 nimmt eine deutliche Abwehrhaltung ein. Die ganze Körperhaltung deutet darauf hin, daß es ihr daran gelegen ist, der Besucherin den Zugang in die Wohnung – also in das eigene Revier – zu versperren. Vielleicht kommt der Besuch ja gerade ungelegen, oder er ist sogar prinzipiell unerwünscht. Um sein Territorium zu sichern, errichtet der Mann eine fast unüberwindliche Barriere, indem er mit seinem Körper den Türeingang blockiert. Die Hand, die sich an die Tür klammert, deutet ebenfalls darauf hin, daß das Auftauchen des

Besuchs auf wenig Begeisterung stößt. Je nach Gesichtsausdruck, Stimmlage und Stimmung kann die Geste unterschiedliche Bedeutungen haben. Möglicherweise zeigt der »Herrscher seines Reviers« nur ein kurzes Zögern an, und er wird seine Bekannte bereits kurz darauf einlassen, falls sie nicht sensibel genug ist, die Signale richtig zu deuten und ein anderes Mal wiederzukommen. Ebenso kann die Körperstellung jedoch auch eine starke Abwehrhaltung bis hin zur Kampfbereitschaft signalisieren, wenn es beispielsweise darum geht, einem lästigen Vertreter den Eingang in die Privatsphäre zu verwehren.

Es ist interessant, daß die gesprochenen Worte übrigens nicht immer mit der Körpersprache übereinstimmen. So könnte der Mann seinen Besucher beispielsweise mit recht freundlichen Worten begrüßen und vielleicht sogar »Komm doch herein« sagen, während seine Körpersprache gleichzeitig signalisiert, daß die Freude über den Besuch im Grunde nur halbherzig ist. Stimmen Worte und Gesten nicht überein, kann es leicht zu einer allgemeinen Verunsicherung und zu Mißverständnissen kommen.

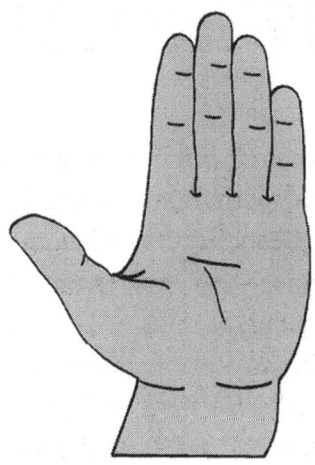

Abb. 7

Im Gegensatz zu verschränkten Armen und gekreuzten Beinen oder anderen angedeuteten Körperbarrieren ist die nach vorne gestreckte Handfläche weltweit ein unmißverständliches Stopp-Zeichen. Wer anderen eine oder beide Handflächen entgegenhält oder die Handflächen nach vorne schiebt, zeigt deutlich, daß er etwas oder jemanden »von sich wegschieben« möchte.

In Griechenland wird es als ausgesprochene Beleidigung angesehen, jemand anderem eine oder beide Handflächen mit einer abrupten Bewegung entgegenzustrecken, da diese Geste dort soviel wie »Scher dich davon« bedeutet. Unter griechischen Autofahrern, die etwa unterschiedliche Auffassungen darüber haben, wer im Moment Vorfahrt hat, wird sie recht häufig verwendet. In unseren Breiten wird die nach vorne gestreckte Handfläche im Straßenverkehr hingegen hauptsächlich von Polizisten eingesetzt, wobei sie als deutliches Stopp-Zeichen zu verstehen ist.

Doch auch Redner benutzen die Bleib-mir-vom-Leib-Geste, wobei sie die nach vorne gewandten Handflächen oft mehrmals leicht nach vorne schieben, um anzuzeigen, daß man die Argumente der Gegenseite nicht zu hören wünscht beziehungsweise nicht anzunehmen gedenkt.

Die je nach Situation zart oder auch energisch nach vorne geschobenen Handflächen können unter anderem aber auch bei Frauen beobachtet werden, die versuchen, sich einen unliebsamen Verehrer vom Leib zu halten. Kommt es jedoch einmal zu handfesten Streitigkeiten, kann die nach vorne gestreckte Hand auch konkret zur Verteidigung der eigenen Haut eingesetzt werden und somit weit über die rein optische Stopp-Geste hinausgehen.

Ablehnung

Es gibt zahlreiche Gesten und Körperhaltungen, die Ablehnung signalisieren. Wir werden sie unter der Überschrift »Uneinigkeit« genau beschreiben. An dieser Stelle soll jedoch nur kurz auf zwei Handgesten eingegangen werden, die ganz konkret auf die Ablehnung anderer Menschen und weniger auf allgemeine Differenzen oder die Ablehnung von Argumenten etc. hinweisen.

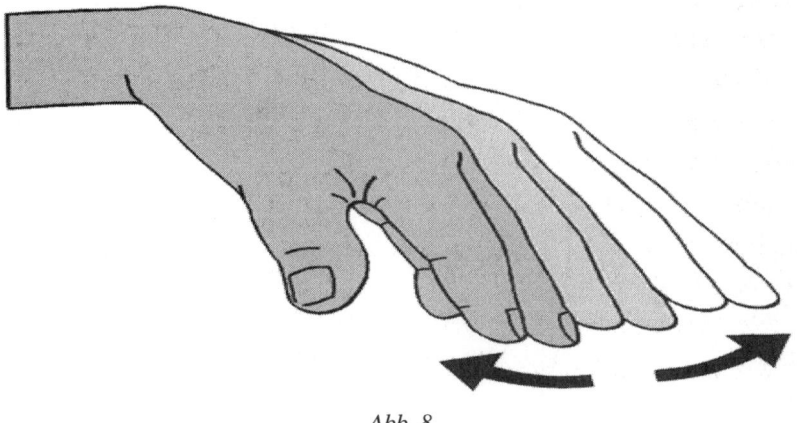

Abb. 8

In Abbildung 8 sehen wir die fächelnde Hand, ein deutliches Signal der Ablehnung. Dabei wird die Hand dazu benutzt, jemand anderen symbolisch von sich wegzuschieben, indem die nach unten gehaltenen Finger einige Male energisch vor und zurück geschwenkt werden. Die Geste bedeutet soviel wie: »Geh mir aus den Augen!« oder »Verschwinde!« Während die Handbewegung zu früheren Zeiten weit verbreitet war, wird sie heute nur noch selten eingesetzt. Die schwenkende Handbewegung ist eine sehr dominante und darüber hinaus auch eine recht arrogante Handgeste, die vor allem bei ungeduldigen und herrschsüchtigen Menschen beobachtet werden kann. Bei den

alten Römern wurde die Handbewegung von Kaisern und Herr-
schern dazu benutzt, in Ungnade gefallene Untertanen hinaus-
zuwerfen oder von den Wachen fortschaffen zu lassen. Heute
wird die Geste nur noch selten in der ursprünglichen Bedeutung, sondern vielmehr in heiteren Situationen scherzhaft eingesetzt.

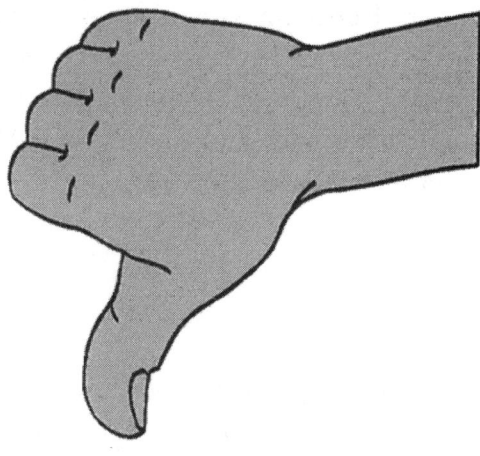

Abb. 9

In Abbildung 9 sehen wir die »klassische« Ablehnungsgeste –
den nach unten weisenden Daumen, der entweder einfach nur
nach unten gehalten oder auch mehrmals kräftig nach unten
gestoßen wird. Der Daumen gilt als Finger der Dominanz, da er
das Greifen ermöglicht und am besten von allen Fingern
»Druck ausüben« kann. Im alten Rom konnten die Zuschauer in
der Arena den Tod eines Gladiators fordern, indem sie mit
dem Daumen stoßartige Bewegungen nach unten ausführten.
Letztlich hatte dann der Herrscher über Leben oder Tod des
besiegten Kämpfers zu entscheiden: Der nach oben gehaltene
Daumen bedeutete »Gnade«, der nach unten gehaltene Daumen
»Tod«.

Glücklicherweise hat die Handgeste heute schon längst nicht mehr die Bedeutung wie in der Antike, doch noch immer signalisiert der nach unten weisende Daumen »Ablehnung« oder verheißt zumindest nichts Gutes. Fragt eine Frau ihre Freundin beispielsweise danach, wie das erste Rendezvous mit dem neuen Bekannten verlaufen sei, so dürfte der nach unten stoßende Daumen der Freundin unmißverständlich darauf hinweisen, daß das Treffen mit dem Herrn ein Mißerfolg auf der ganzen Linie war. Im großen und ganzen symbolisiert der nach unten weisende Daumen das Negative; er steht beispielsweise für »Schlechte Nachrichten« oder einfach nur für »Nein«, so wie der nach oben weisende Daumen oft anstelle von »Ja« verwendet wird.

Abschied

Die körpersprachlichen Signale, die Menschen aussenden, die gerade dabei sind, sich zu verabschieden, sind meist sehr deutlich und für einen Außenstehenden auch leicht zu erkennen. Wer eine Filmszene beobachtet, in der eine junge Frau am Bahnhof steht und mit Tränen in den Augen einem davonfahrenden Zug nachwinkt, in dem beispielsweise ihr Mann oder ihre Kinder sitzen, wird auch ohne ein einziges Wort sofort verstehen, daß es in dieser Szene um eine schmerzliche Trennung geht.

Allerdings ist die Sache nicht immer so einfach, da Abschieds- und Begrüßungsgesten oftmals identisch sind. Wenn zwei Menschen sich die Hand geben, ist auf den ersten Blick nicht so leicht erkennbar, ob sie sich begrüßen oder verabschieden. Dasselbe gilt für Umarmungen, die bei Menschen, die sich nahestehen, ebenfalls sowohl beim Zusammentreffen als auch beim Abschiednehmen zu beobachten sind.

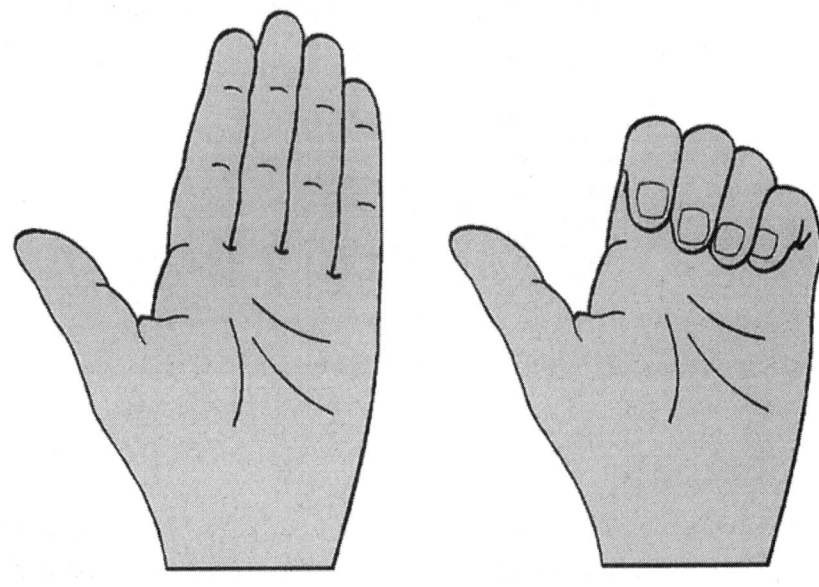

Abb. 10

Eine relativ eindeutige Geste ist das Winken. Winken kann zwar auch für ein »Hallo« stehen, wird in den meisten Fällen jedoch beim Verabschieden gemacht. Bei den meisten Abschiedsgesten werden im Grunde Umarmungen angedeutet. Abbildung 10 zeigt eine von vielen Formen des Winkens. Hierbei wird die Hand erhoben, die Handfläche zeigt dabei nach vorne, und die Finger werden beim Winken einige Male angewinkelt und wieder gestreckt. Obwohl diese Art des Winkens recht zart und verhalten ist, symbolisiert auch sie eine »kleine Umarmung« beziehungsweise ein Kopftätscheln. Dieses abgeschwächte Winken wird häufig von Erwachsenen benutzt, um sich von kleinen Kindern zu verabschieden, doch auch schüchterne, vorsichtige Menschen winken zum Abschied meist »aus den Fingern« heraus.

Abb. 11

Weltweit verbreitet und besonders häufig in Nordeuropa zu beobachten ist das seitliche Winken. Im allgemeinen wird hierbei aus dem Unterarm gewinkt, so daß die nach vorne weisende Handfläche sich seitlich hin- und herbewegt. Die »offene Hand« deutete in früheren Zeiten auf eine friedliche Absicht hin, da sie dem Gegenüber sowohl bei der Begrüßung als auch beim Abschied signalisieren sollte, daß der Winkende unbewaffnet sei.

Im Gegensatz zur Umarmung ist das Winken die letzte Möglichkeit, sich von einem Verwandten, Freund oder guten Bekannten zu verabschieden, sobald sich einmal eine räumliche Lücke zwischen beide geschoben hat. Das Winken dient also dazu, die fehlende körperliche Nähe zu überbrücken und zugleich zu signalisieren, daß die geistig-seelische Verbindung auch nach der körperlichen Trennung weiterhin aufrechterhalten wird.

Ist der andere erst einmal so weit weg, daß er dem Blick zu entfliehen droht, wird die Winkbewegung meist größer. Sie erfolgt dann nicht mehr aus Hand und Unterarm, sondern mit dem ganzen, meist völlig gestreckten Arm.

Das Winken unterscheidet sich je nach der Region, in der die Menschen leben. Während das bereits beschriebene, seitliche Winken mit ruhigem Oberarm und lockerem Handgelenk weit verbreitet ist, neigen Nordamerikaner dazu, das Handgelenk beim Winken steif zu halten. Diese Art zu winken wäre hierzulande etwas mißverständlich, da sie bei uns eher einer »Nein-Geste« entspricht. In Frankreich wird die Winkbewegung nicht seitlich, sondern nach vorne ausgeführt.

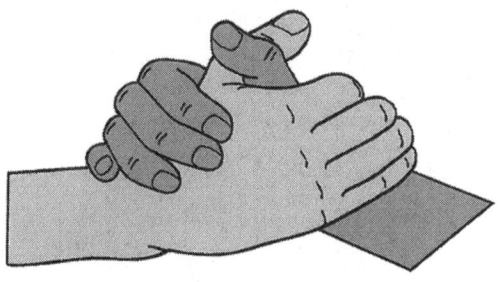

Abb. 12

Neben dem Winken wird auch der Händedruck häufig beim Abschiedsritual beobachtet. Der Händedruck sagt viel über die Persönlichkeit aus. Bei uns gilt ein kräftiger Händedruck als Zeichen einer selbstbewußten Person, während er in Asien eher als relativ aggressive Geste angesehen wird.

Eine Variation des Händedrucks läßt sich seit einiger Zeit vor allem bei jüngeren Menschen weltweit immer häufiger beobachten. Beim Abschied werden dabei die Handflächen der befreundeten Partner so ineinander geschlagen, daß die Daumen ineinandergreifen. Auch diese Form des Handschlags, die ursprünglich fast ausschließlich in Südamerika verbreitet war, dient sowohl als Begrüßungs- wie auch als Abschiedsritual. Und ebenso wie beim gewöhnlichen Händeschütteln, bei dem die Finger nach vorne und unten weisen, wird auch bei dieser Form des Handschlags, bei dem die Finger die Daumenseite der anderen Hand umfassen und die Daumen nach oben weisen, eine »kleine Umarmung« ausgeführt, die die Verbundenheit symbolisiert. (Weitere Abschiedsgesten siehe unter »Begrüßung«, S. 57)

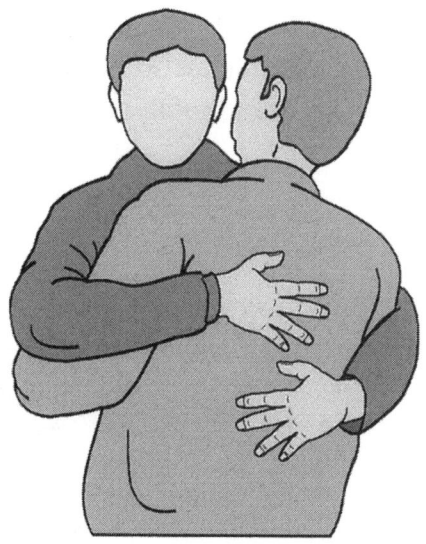

Abb. 13

Die klassische Abschiedsgeste, die unter befreundeten oder sich nahestehenden Menschen besonders häufig ausgeführt wird, ist die Umarmung. Die Umarmung weist auf eine ziemlich intime Art des Abschieds hin, die die Nähe zwischen zwei Menschen deutlich zum Ausdruck bringt, da sich dabei die Oberkörper, Arme und oft auch die Wangen berühren.

Während es hierzulande nicht üblich ist, daß Geschäftspartner sich zum Abschied umarmen, gehört die Umarmung in Rußland zu den alltäglichen Gesten, die nicht nur zwischen wirklich eng verbundenen Menschen ausgeführt wird.

Bei Liebenden werden Umarmungen meist noch von Küssen oder dem Streicheln der Haare des anderen begleitet. Auch das gegenseitige Drücken, ein Lächeln oder der Blick in die Augen des anderen werden während der Umarmung oft eingesetzt, um Wärme und Geborgenheit zu vermitteln.

Was die Dauer der Umarmung betrifft, so werden rein kameradschaftliche Umarmungen natürlich meist wesentlich kürzer sein als die Umarmungen zwischen Liebespaaren. Während Lateinamerikaner und Südeuropäer sich bei der Umarmung mit der flachen Hand oft freundschaftlich auf den Rücken klopfen, neigen Eskimos und Lappen dazu, die Nasen beim Abschied aneinanderzureiben.

Abstand

Nicht immer ist es leicht, den richtigen Abstand herauszufinden. Wenn wir anderen Menschen begegnen, gehen wir normalerweise davon aus, daß der Abstand, den wir selber als angenehm und richtig einschätzen, auch von den anderen so empfunden wird. Doch dies ist leider keineswegs immer der Fall.

Der richtige Abstand hängt damit zusammen, die Grenzen des anderen zu erkennen und zu akzeptieren (siehe »Abgrenzung«, S. 23). Das Einhalten des angemessenen Abstands ist vor allem deshalb wichtig, weil jeder Mensch einem alten, auf Selbsterhaltung programmierten Instinkt zufolge sein Territorium zu wahren sucht. Verletzen wir den »Raum« des anderen, indem wir ihm – vielleicht nur unbewußt – zu nahe kommen, so wird dies zur Folge haben, daß der andere sich zurückzieht oder aber, wenn es sich um einen aggressiveren Zeitgenossen handelt, sogar »auf Angriff schaltet«.

Je näher wir einem Menschen stehen, desto näher dürfen wir ihm gewöhnlich auch körperlich kommen. In Hinblick auf das Territorialverhalten können wir den zu verteidigenden Raum in unterschiedliche Zonen einteilen, die sozusagen als verschieden große imaginäre Kreise um unseren Körper vorstellbar sind.

Die erste Zone ist die Körperzone, also unser eigener Körper, der durch seine natürliche Grenze, die Haut, von der Außenwelt getrennt ist. Die zweite ist die intime Zone, die einen Bereich umschließt, der zwischen dem direkten Körperkontakt zu einem anderen Menschen bis zu einer Entfernung von etwa 60 Zentimetern reicht. Dieser Abstand wird beispielsweise von Liebespaaren oder Müttern und ihren Kindern eingehalten. Die dritte Zone können wir als die persönliche Zone bezeichnen. Im Alltag, in der Begegnung mit Freunden, Bekannten und Kollegen, also sowohl am Arbeitsplatz als auch in den eigenen vier Wänden, beträgt der Abstand, den wir zwischen uns und den anderen im Normalfall als angenehm empfinden, etwa 60 bis 90 Zentimeter. Die letzte Zone bildet die sogenannte gesellschaftliche Zone. Diese Zone wird vor allem bei gesellschaftlichen Anlässen, etwa bei Konferenzen oder einem Empfang, gewahrt. Der Abstand, der dabei zwischen den Teilnehmern eingehalten wird, liegt bei ungefähr eineinhalb bis zwei Metern.

In unserem Kulturkreis können wir im allgemeinen davon ausgehen, daß der Abstand zwischen zwei Erwachsenen etwa eine bis höchstens zwei Armlängen beträgt. Diese Entfernung ermöglicht es uns, unser Gegenüber ganz im Blickfeld zu haben. Wenden wir uns Kindern zu, so wird der Abstand meist wesentlich kleiner sein.

Da für eine gute Kommunikation nicht nur der Körperabstand, sondern auch die Wahrnehmungsebene von Bedeutung ist, neigen wir dazu, in die Knie zu gehen, uns hinunterzubeugen oder uns hinzusetzen, um mit Kindern in Kontakt zu treten. Umgekehrt wird ein Vorgesetzter, der Macht ausdrücken will, dazu tendieren, sich »höher zu stellen«, indem er beispielsweise stehenbleibt, während er mit seiner sitzenden Sekretärin kommuniziert.

Abb. 14

Es ist schon einigermaßen schwierig, im alltäglichen Umgang mit anderen Menschen herauszufinden, welcher Abstand eingehalten werden sollte, damit sowohl wir als auch die anderen sich dabei wohl fühlen. Noch schwieriger wird das Ganze jedoch, wenn wir uns im Ausland aufhalten, denn kulturelle Rahmenbedingungen verändern das natürliche Gefühl für den richtigen Abstand. In anderen Ländern herrschen nun einmal andere Sitten, und dies kann zuweilen zu allerlei Mißverständnissen und Fehlinterpretationen führen.

In Abbildung 14 sehen wir zwei Männer, die Hand in Hand gehen. So eigenartig dieses Verhalten in unserer westlichen Welt anmuten würde und sosehr die beiden Herren hier um ihren »guten Ruf« fürchten müßten, wenn sie Hand in Hand durch die Stadt spazierten, so selbstverständlich ist es beispielsweise im Nahen Osten und einigen Teilen Asiens, daß zwei befreundete Männer, die keinerlei homosexuelle Neigungen haben, sich an den Händen halten. Wer geschäftlich in arabischen Ländern unterwegs ist, wird manchmal die Erfahrung machen können, daß ein arabischer Geschäftspartner plötzlich seine Hand ergreift, und es würde als unhöflich gelten, sich dieser gutgemeinten Geste zu entziehen.

Abb. 15

Während es in weiten Teilen Europas normal ist, sich mit einem Händeschütteln zu begrüßen, bei dem ja immer ein gewisses Maß an Abstand eingehalten wird, ist es für einen südamerikanischen Geschäftsmann vollkommen natürlich, einen Partner mit einer engen Umarmung zu begrüßen. Einen Europäer oder Nordamerikaner wird diese Geste in Erstaunen versetzen und darüber hinaus wahrscheinlich auch verunsichern, da die Umarmung den gewohnten Abstand nicht zuläßt und leicht als Eingriff in das eigene Territorium angesehen werden kann.

• **Tip: Körpersprache bewußt einsetzen**
In anderen Ländern herrschen bekanntlich andere Sitten. Wenn Sie also das nächste Mal auf Reisen gehen, haben Sie die Möglichkeit, die Sitten und Gebräuche anderer Kulturen zu studieren. Indem Sie andere Menschen genau beobachten, können Sie schnell die nötige Sensibilität entwickeln, um in anderen Regionen der Welt nicht gegen ungeschriebene Gesetze zu verstoßen.

Im Hinblick auf den richtigen Abstand gilt in etwa folgende Faustregel: In den USA und Westeuropa liegt der Normalabstand, den zwei Menschen zueinander einhalten, bei einer ausgestreckten Armlänge, wobei auch noch die gestreckten Fingerspitzen dazukommen. In Rußland wird der eingehaltene Abstand ein wenig kleiner sein. Hingegen kommt man sich in Lateinamerika und Südeuropa sowie auch in arabischen Ländern gerne ein wenig näher. Der durchschnittliche Abstand liegt hier etwa in einer Oberarmlänge.

Japaner und Briten halten hingegen lieber einen besonders großen Abstand ein, und sie mögen es auch nicht, von Geschäftspartnern körperlich berührt zu werden. Etwas berührungsfreudiger sind da schon Franzosen, Inder und

Chinesen, die gegen eine flüchtige Berührung sicher nichts einzuwenden haben. Im Vergleich dazu setzen Russen, Südamerikaner und Südeuropäer Berührungen recht ungeniert und ohne Bedenken ein, auch wenn es sich »nur« um eine Geschäftsbeziehung handelt. In arabischen Ländern ist der Abstand zwischen Gesprächspartnern extrem gering, oft nur eine Handbreit. Bei einer Begegnung eines Engländers mit einem Araber wird man daher mitunter beobachten können, wie der Engländer dem Araber immer wieder ausweicht – der Engländer versucht, die ihm angenehme Distanz aufrechtzuerhalten, während der Araber die ihm vertraute Nähe herstellen will.

Wie Sie sehen, ist der richtige Abstand nicht überall gleich groß, doch mit den wenigen genannten Regeln können Sie es bereits vermeiden, größere Überraschungen zu erleben.

Übrigens ist es für Menschen aus anderen Ländern ebenso ungewohnt, sich auf den Körperabstand einzustellen, der bei uns gang und gäbe ist, wie umgekehrt. So wird ein japanischer oder koreanischer Besucher, der beispielsweise zum ersten Mal im deutschsprachigen Raum unterwegs ist, recht verwundert sein, wenn er mit einem festen Händedruck und einem ebenso festen Blick in die Augen begrüßt wird. Im Fernen Osten vermeidet man den direkten Augenkontakt ebenso wie Berührungen, und so wird das »eigenartige« Verhalten des europäischen Kollegen den Besucher aus Fernost nicht selten verunsichern.

Abb. 16

Aggression

Aggressionen drücken sich meist sehr deutlich in der Körpersprache unserer Mitmenschen aus. Wut, Uneinigkeit, Streitsucht und Kampfbereitschaft sind bei der richtigen Interpretation körpersprachlicher Signale oft viel schneller zu erkennen, als sie aus den gesprochenen Worten hervorgehen. Wir haben das Thema »Aggression«, das ja bekanntlich einen großen Bereich im menschlichen Leben umfaßt, nicht nur in diesem Kapitel, sondern auch in einigen anderen Abschnitten abgehandelt (»Abgrenzung«, »Beleidigung«, »Drohung«, »Uneinigkeit« und »Wut«). Als erstes sei festzustellen, daß aggressives Verhalten nicht unbedingt negativ sein muß. Ein Mensch, der seine Ziele entschlossen verfolgt, wird nicht dazu neigen, sich defensiv zu verhalten, sondern er wird die Probleme »angreifen«, versuchen, sich gegen andere Interessen durchzusetzen, und somit aggressiv handeln.

Ebenso wie in der Wirtschaft ist aggressives Verhalten auch im Sport durchaus erwünscht, und es besteht ein deutlicher Unterschied zwischen Aggression und Feindseligkeit. Nichtsdestotrotz sind die Grenzen zwischen einem »gesunden« aggressiven Verhalten und negativer Aggression, etwa in Form von Streitsucht, Haß usw., oft fließend.

Um aggressive Körpersignale richtig beurteilen zu können, ist es wichtig, sich bewußt zu machen, daß Aggression letztlich mit dem Thema »Abgrenzung« zusammenhängt und oft aus dem Wunsch erwächst, sein Territorium zu schützen. Wenn wir uns die beiden Herren in Abbildung 17 näher ansehen, werden wir deutliche Abgrenzungsgebärden beobachten können, so etwa die in die Hüften gelegten Hände und die nach außen weisenden Ellbogen (»Abgrenzung«, S. 23).

Abb. 17

Offensichtlich sind die beiden sich nicht unbedingt sympathisch. Der relativ breitbeinige Stand, die in den Hüften beziehungsweise am Gürtel plazierten Hände und die insgesamt etwas »aufgeblasene« Haltung dienen wohl dazu, die eigene

Männlichkeit unter Beweis zu stellen. Verhaltensforscher sind der Ansicht, daß es sich bei den an der Gürtelschnalle eingehakten Daumen mit den nach unten weisenden Fingern um eine unbewußte Betonung der Genitalzone handelt – um den Versuch, die eigene Potenz, Männlichkeit und Dominanz hervorzuheben. Auf jeden Fall nehmen beide Personen eine Drohgebärde ein, und sie signalisieren Kampfbereitschaft.

Oft steckt hinter dieser Art von Imponiergehabe, die vor allem bei Männern zu beobachten ist, Unsicherheit. Nicht immer ist die Körperhaltung, die in der Zeichnung dargestellt ist, ein Zeichen für einen beginnenden Streit. Oft geht es bei dieser Art von Gebärden nämlich lediglich darum, die eigene Unsicherheit zu verbergen und dem anderen, fremden Menschen zu signalisieren, daß er nicht zu nahe kommen darf, solange das Eis noch nicht gebrochen ist.

Abb. 18

Ein unmißverständliches Körpersignal, das auf eine aggressive Stimmung hinweist, ist die geschlossene Faust. Die Faust gilt als die natürliche Waffe des Menschen und wird weltweit seit je beim Kampf eingesetzt. Nicht nur beim Boxen, das ja auch als

Faustkampf bezeichnet wird, sondern auch bei vielen Selbstverteidigungstechniken werden die Fäuste eingesetzt, um sich zur
Wehr zu setzen.

Die Faust symbolisiert Kampfbereitschaft, Stärke und Durch-
setzungsvermögen. In Abbildung 18 sehen wir eine Drohgebärde, die darin besteht, die Faust in die eigene Handfläche zu
schlagen. Um einen Menschen, der ein derartiges Gebaren an
den Tag legt, sollten Sie lieber einen großen Bogen machen,
denn zweifellos hegt er keine friedfertigen Absichten. Die
aggressive Geste, bei der die Faust mehrmals in die Handfläche
geschlagen wird, wird hauptsächlich von Menschen ausgeführt,
die auf einen offenen Konflikt aus sind.

Abb. 19

Im Gegensatz zur in die Handfläche schlagenden Faust ist der
Schlag mit der Faust auf den Tisch kaum als direkte Aufforderung zu einer Schlägerei zu verstehen. Vielmehr ist er oftmals
Ausdruck von Verärgerung und Wut. Rednern, Lehrern oder
anderen Vortragenden, die ihre Emotionen nicht unter Kontrolle
haben, kann schon einmal die Faust ausrutschen, obwohl die

laut auf den Tisch oder das Rednerpult geschlagene Faust nicht unbedingt zu den feineren Strategien der Vortragskunst zählt und oft sogar als ausgesprochen unhöflich empfunden wird.

Dennoch kann die Faust bei Reden zur Unterstützung des gesprochenen Wortes an manchen Stellen gut eingesetzt werden, um Aussagen körpersprachlich zu bekräftigen. Allerdings wird die Faust dazu weniger auf den Tisch, als vielmehr in die Luft gestoßen, wodurch die Entschlossenheit des Redners für das Publikum deutlich zu erkennen ist. Und auch im Sport ist die geschlossene, in die Luft stoßende Faust, also das In-die-Luft-Boxen, oft Zeichen für Kraft, Sieg und Erfolg.

• Tip: Körpersprache bewußt einsetzen

Sie können Ihre Körpersprache dazu benutzen, um Ihren Aussagen mehr Nachdruck zu verleihen. Gibt es vielleicht gewisse Ideen oder Ziele, für die Sie zu kämpfen bereit sind und die Sie anderen Menschen gegenüber gerne etwas entschlossener vertreten würden? Gerade Menschen, die schüchtern sind und vorsichtig auftreten, können einige interessante Übungen im stillen Kämmerlein machen, die ihnen dabei helfen, sich ihrer Ausstrahlung bewußt zu werden und ihre üblichen Verhaltensmuster zu durchbrechen.

Für einen sanftmütigen, behutsam auftretenden Menschen kann es manchmal eine außerordentlich befreiende Erfahrung sein, die Faust zu ballen und sie energisch in die Luft zu boxen oder auf den Tisch zu schlagen. Versuchen Sie einmal, einen oder mehrere der folgenden Sätze auf unterschiedliche Weise auszusprechen: »Ich will!«, »Ich schaffe es!«, »Schluß damit!« oder »Mir reicht's jetzt!« Sprechen Sie die Sätze zunächst ohne Betonung, neutral und nicht zu laut aus. Werden Sie dann lauter, und beobachten Sie, inwiefern dies den Gehalt der Worte und Ihre Stimmung verändert. Rufen Sie die Sätze dann laut, und schlagen Sie gleichzeitig mit der geschlossenen Faust kräftig auf einen einigermaßen stabilen Tisch. Spüren Sie, wie sich sogleich Ihre Stimmung verändert? Üben Sie solche Techniken auch vor dem Spiegel. Indem Sie auf spielerische Weise ein wenig schauspielern, können Sie Ihre Handlungsmöglichkeiten allmählich erweitern und vorsichtig dazu übergehen, körpersprachliche Signale auch im Alltag einzusetzen. Die Wirkung, die Sie auf andere ausüben, wird sich dabei in bemerkenswerter Weise verändern, da körpersprachliche Signale bei anderen Menschen auf der unbewußten Ebene immer ankommen. Natürlich sollten Sie die Sache nicht übertreiben, und gerade am Anfang ist es wichtig, Gesten und Gebärden nicht zu plump einzusetzen.

Angst

Die Angst gehört zu den Grundgefühlen, die sich weltweit unabhängig von den jeweiligen Kulturen sehr ähnlich auf den Körper auswirken. Weitere Grundgefühle sind die Freude, die Trauer, die Wut und die Liebe.

Die körperlichen Reaktionen, die auf angstmachende Reize erfolgen, sind überall auf der Welt dieselben, obwohl es durchaus einige feine Unterschiede zwischen den verschiedenen Kulturen gibt. Unabhängig davon, ob Sie als Afrikaner, Europäer oder Inder aufgewachsen sind, werden Sie also die typischen Angstreaktionen kennen. Ihr Herz beginnt schneller zu klopfen, die Handflächen werden feucht, der Angstschweiß steht Ihnen auf der Stirn, Sie spüren, wie Ihr Atem schneller wird, Sie ziehen unwillkürlich die Schultern nach oben, Ihre Muskeln verkrampfen sich, und darüber hinaus macht sich ein unangenehmes Gefühl in der Magengrube breit.

Ist der Angstreiz stark genug, werden Sie die Auswirkungen nicht nur im Atem, dem Herzschlag und der Muskulatur, sondern auch im Verdauungsbereich zu spüren bekommen. Nicht umsonst heißt es, daß man sich »vor Angst in die Hosen macht« oder »Schiß hat«.

Alle diese unangenehmen körperlichen Reaktionen gehen auf Fluchtinstinkte zurück, die mit dem Selbsterhaltungsprogramm zusammenhängen und unser Überleben in einer uns nicht immer gerade wohlgesinnten Natur seit Jahrmillionen zu sichern suchen.

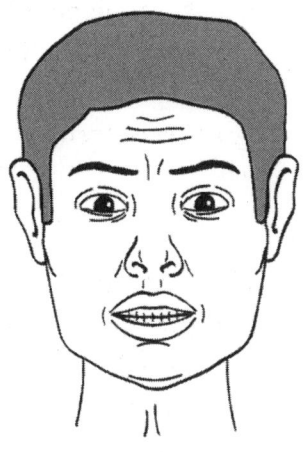

Abb. 20

Gerade bei universellen Grundgefühlen wie Trauer, Wut oder Angst spricht das Gesicht eine deutliche Sprache. Während Sie die obengenannten Angstreaktionen wie Herzklopfen oder eine Beschleunigung des Atems bei sich selbst leicht beobachten können, sind sie bei anderen Menschen natürlich nicht immer leicht auszumachen. Auch deutet eine feuchte Handinnenfläche, die Sie beim Handschlag registrieren mögen, nicht unbedingt darauf hin, daß Ihr Gegenüber wirklich Angst hat. Hingegen können Sie aus dem Gesicht meist schnell ablesen, ob jemand

Angst hat. Angst, Schrecken, Panik oder Entsetzen äußern sich zunächst in weit aufgerissenen Augen. Weiterhin beobachten wir, daß die Augenbrauen nach oben und näher aneinander gezogen werden. Die Stirn wird in Falten gelegt, der etwas nach hinten gedehnte Mund ist meist geöffnet (Abb. 20).

Abb. 21

Insgesamt ähnelt die Angstreaktion der Körperreaktion sehr, die bei Überraschungseffekten zu beobachten ist. Neben den beschriebenen Gesichtsveränderungen sehen wir in Abbildung 21, wie die Hände zum Mund geführt werden und ihn verdecken. Diese Geste, die auf die plötzliche Sprachlosigkeit hindeutet, wird oft von Kindern, die erschreckt werden, eingenommen. Ein plötzlich und unerwartet eintreffendes Ereignis kann je nach Intensität Angst, Schrecken, Verblüffung, Verwirrung und Überraschung hervorrufen. Auch wenn diese Gefühle recht unterschiedlich sind, sind die körperlichen Reaktionen doch sehr ähnlich. Die Schultern werden hochgezogen, man zuckt zusammen; und das Hinführen der Handflächen zum Mund ist einerseits eine Schutzreaktion, andererseits das Bedürfnis, sich selbst zu berühren und dadurch wieder mehr »zu sich zu kommen«.

Nicht immer bedeuten die vor den Mund gehaltenen Handflächen »Angst« oder »Schrecken«. Ebenso können sie bei nervösen Menschen oder bei Personen beobachtet werden, denen
gerade etwas ungewollt über die Lippen gekommen ist und die
mit dieser Geste etwa soviel wie »O Gott, was habe ich da
gerade gesagt!« signalisieren.

Aufrichtigkeit

»Was ich nicht weiß, macht mich nicht heiß« – sicherlich gibt
es Momente, in denen dieses Sprichwort seine Berechtigung
hat. Doch andererseits gibt es sowohl im Privatleben als auch
im geschäftlichen Bereich mindestens ebenso viele Situationen,
in denen es sehr nützlich für uns wäre zu wissen, ob der andere
aufrichtig ist. Doch welche Anhaltspunkte haben wir, um herauszufinden, ob unser Gegenüber wirklich die Wahrheit sagt,
oder ob er uns gerade das Blaue vom Himmel verspricht?

Letztendlich müssen Sie natürlich Ihr Gespür einsetzen und
Ihrem Gefühl vertrauen, denn obwohl es einige Körpersignale
gibt, die Aufrichtigkeit beziehungsweise Unaufrichtigkeit verraten (siehe »Lüge«, S. 134), sind viele dieser Signale so subtil,
daß nur ein geübter Beobachter sie auszumachen vermag. Dennoch existieren einige untrügliche Zeichen dafür, ob ein
Mensch wirklich meint, was er sagt.

Zunächst einmal sollten Sie darauf achten, ob die Aussage der
ausgesprochenen Worte mit der der eingesetzten Körpersprache
übereinstimmt. Nicht selten können wir beobachten, wie
freundliche und scheinbar aufrichtig gemeinte Worte von einer
geschlossenen Abwehrhaltung begleitet sind, was unvermeid-
lich dazu führt, daß die Worte bei uns nicht wirklich »ankommen« und wir mißtrauisch werden. Ein aufrichtiger Mensch
wird nicht nur durch seine Worte, sondern auch durch seine

offene Haltung signalisieren, daß wir ihm vertrauen können. Er wird uns in die Augen schauen und unserem Blick nicht auszuweichen suchen. Sein Händedruck wird fest und sicher sein und uns das Gefühl vermitteln, daß es nichts zu verbergen gibt.

Abb. 22

Als Symbol für Offenheit und Aufrichtigkeit gilt weltweit die offene Hand. Durch die geöffnete Handfläche wurde ursprünglich angezeigt, daß keine Waffen mitgeführt werden. Die nach vorne gekehrte rechte Handfläche, die auf Schulterhöhe gehoben wird, wird sowohl im christlichen als auch im muslimischen Kulturkreis als formelle Schwurgeste gebraucht.

Aufrichtige Menschen setzen die offenen Handflächen im Gespräch oder bei Reden häufig ein, natürlich nicht so förmlich wie beim Eid oder Schwur, sondern viel lockerer und selbstverständlicher.

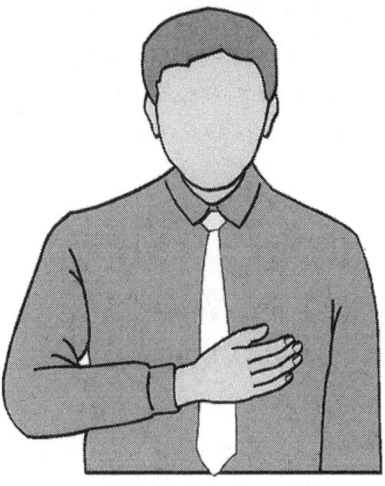

Abb. 23

Eine weitere Möglichkeit, Ehrlichkeit und Aufrichtigkeit zu demonstrieren, zeigt die Geste in Abbildung 23. Die auf das Herz gelegte Handfläche wurde schon im alten Griechenland von Sklaven gezeigt, um ihren Gehorsam gegenüber ihren Besitzern zu demonstrieren. In den USA wird die Hand noch heute aufs Herz gelegt, wenn es darum geht, sich zu seiner Treue zum Vaterland zu bekennen oder einen Eid zu schwören. Auch von Politikern oder Militärs wird die Geste vor allem bei öffentlichen Anlässen gerne benutzt, um ihre Loyalität gegenüber einem Land, einer Flagge oder einer Idee zu bekunden.

Begrüßung

Für jede Begegnung zwischen zwei Menschen ist der Moment der Begrüßung von besonderer Bedeutung. Wenn Sie jemanden zum ersten Mal treffen, sammeln Sie innerhalb weniger Sekunden eine Fülle von Informationen, ohne daß Ihnen dies bewußt sein dürfte. Nicht umsonst heißt es, daß der erste Eindruck entscheidend ist. Gleichgültig ob im privaten oder geschäftlichen Bereich – immer ist das Kennenlernen ein wichtiger Moment, der mit darüber entscheidet, ob es zu einem dauerhaften Kontakt kommt oder nicht.

Wie Sie wissen, läuft Kommunikation nicht nur über Worte, sondern auch über körpersprachliche Signale ab. Bei der ersten Kontaktaufnahme mit anderen Menschen spielen daher nicht nur die Sprache, sondern beispielsweise auch die äußere Erscheinung, also Kleidung, das Verhalten sowie Gestik und Mimik eine große Rolle. Beobachten wir die Körpersprache bei zwei Menschen, die sich erstmals begegnen und sich grundsätzlich wohlgesinnt sind, können wir einige typische Körpersignale ausmachen. So werden die beiden den Augenkontakt suchen, sie werden sich körperlich nahe kommen, ohne dabei jedoch das Revier des anderen zu verletzen (siehe »Abstand«, S. 40). Auch werden sie sich die Hände reichen, lächeln und durch eine leicht nach vorne gebeugte Haltung Aufmerksamkeit und Interesse bekunden. Darüber hinaus werden die beiden eine Körperhaltung einnehmen, die »offen« ist; sie werden also einander zugewandt stehen oder sitzen und dabei keine körperlichen Schutzgrenzen aufbauen, wie beispielsweise verschränkte Arme und Beine (siehe »Abgrenzung«, S. 23).

Bei jeder Begrüßung können wir die meisten dieser Verhaltensweisen beobachten, und zwar unabhängig davon, ob sich da gerade Bekannte, Freunde, Ehepaare oder Geschäftspartner begrüßen. Das Begrüßungsritual läuft nach festen Regeln ab, die aber je nach Kulturkreis recht unterschiedlich ausfallen können. Grundsätzlich ähneln Begrüßungsrituale den Abschiedsritualen sehr oder sind sogar mit ihnen identisch, denken wir nur an das Händeschütteln oder die Umarmung, die ja nicht nur bei der Kontaktaufnahme, sondern auch beim Abschiednehmen erfolgen (siehe »Abschied«, S. 35).

Sowohl beim Abschied als auch bei der Begrüßung sind es vor allem zwei Faktoren, die sich direkt auf die Körpersprache auswirken. Zum einen geht es darum, dem anderen zu zeigen, daß wir keinerlei böse Absichten hegen und es gut mit ihm meinen – dazu wird seit je das Symbol der offenen Hand eingesetzt. Zum anderen geht es darum, Nähe zum Ausdruck zu bringen, was durch die Berührung und die Umarmung symbolisiert wird.

Alle Begrüßungsrituale sind im Grunde Variationen über die Themen »Offenheit« und »Berührung« und lassen sich daher im großen und ganzen auch auf Abwandlungen der offenen Hand und der Umarmung zurückführen. Dennoch sind die jeweiligen Begrüßungsrituale natürlich stark von der Art der Beziehung abhängig, die zwischen den sich begegnenden Menschen besteht. So wird eine Mutter ihr Kind verständlicherweise anders begrüßen als ein Geschäftsmann den anderen oder als zwei Menschen, die einander auf einem Fest vorgestellt werden.

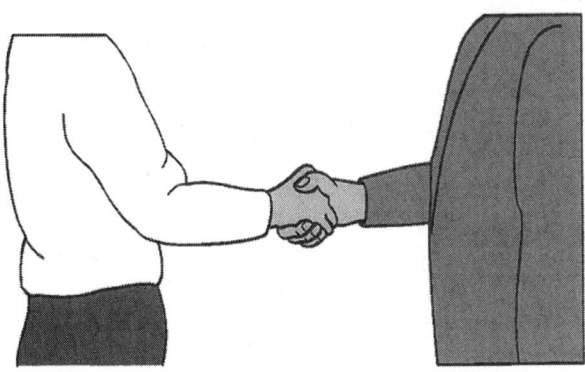

Abb. 24

Es gibt eine große Bandbreite unterschiedlicher, mehr oder weniger förmlicher Begrüßungsgesten, die vom kurzen Antippen des Hutes bis zur innigen Umarmung reicht. Das Schütteln der Hände gehört bei uns zweifellos zu den häufigsten

Begrüßungsgesten. Im Gegensatz zur Verbeugung und zum Knicks ist das Händeschütteln eine relativ neue Grußform, da es erst zu Beginn des vorigen Jahrhunderts Verbreitung fand. Das Händeschütteln wird inzwischen weltweit als Begrüßungsgeste eingesetzt. Es hat den Vorteil, daß es unabhängig vom Rang von allen Menschen ausgeführt werden kann, was es in der modernen demokratischen Gesellschaft besonders beliebt macht. Allerdings gibt es immer noch Gegenden, in denen das Händeschütteln eher selten zu beobachten ist. In Ostasien werden Frauen und Kinder ihr Gegenüber äußerst selten mit einem Handschlag begrüßen. In islamischen Ländern ist es für Frauen tabu, einem Mann zur Begrüßung die Hand zu reichen. Doch auch Männer dürfen Frauen, sofern es sich nicht um ihre Ehefrauen oder enge Verwandte handelt, nicht berühren. Falls Sie sich daher in Gegenden aufhalten, die vom Islam beeinflußt sind, sollten Sie Ihrem Impuls, einer Frau zur Begrüßung die Hand zu reichen, besser nicht nachgeben – dies gilt vor allem, wenn Sie ein Mann sind.

In unseren Breiten wird das Händeschütteln ausgeführt, indem sich zwei Personen die Hände reichen und sie auf und ab schütteln. In Nordeuropa werden die Hände übrigens nur einmal auf und ab bewegt, während die Südeuropäer wesentlich öfter »schütteln« und der Griff der Hände meist auch kräftiger ist.

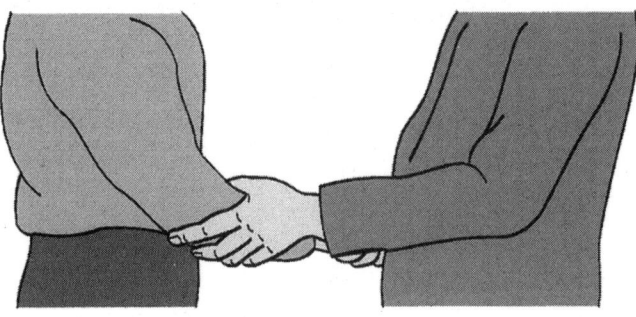

Abb. 25

In Abbildung 25 sehen wir eine Variante des Handschlags, der ja übrigens nicht nur bei der Begrüßung und beim Abschied, sondern auch zur Gratulation oder für das Besiegeln eines Vertrages eingesetzt wird. Bei dieser Variante umfaßt eine der Personen beim Handschlag zusätzlich noch den Unterarm der anderen. Es handelt sich also um eine intensivere, verstärkte Form des Händeschüttelns, bei der der Aspekt der Umarmung und der körperlichen Nähe besonders deutlich zutage tritt. Vor allem bei guten Freunden können wir diese Geste, bei der das Schütteln der Hände weitgehend wegfällt, häufig beobachten.

Ursprünglich geht das relativ neue Ritual des Händeschüttelns auf eine Geste aus dem antiken Rom zurück, wo befreundete Männer sich begrüßten, indem sie einander um den Unterarm griffen. Diese »Urform« des Händeschüttelns ist in der auf S. 60 gezeigten Variation noch recht deutlich erkennbar. Allerdings gibt es auch die Variante, bei der nicht der Unterarm, sondern der Oberarm des Gegenübers umfaßt wird.

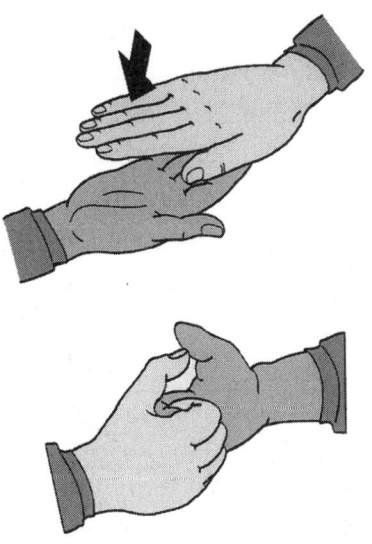

Abb. 26

Eine weitere Variante des Händeschüttelns ist der Handschlag, bei dem die Handflächen zur Begrüßung kräftig aufeinander geschlagen werden. Ursprünglich wurde diese Geste in den USA eingesetzt; sie hat inzwischen aber, vor allem unter Jugendlichen, weite Verbreitung gefunden, wobei diese Art der Begrüßung hauptsächlich bei Männern zu beobachten ist. Die in Abbildung 26 gezeigte Begrüßungsform kombiniert den Handschlag mit dem anschließenden Ineinandergreifen der gekrümmten Finger. Dieser Gruß ist unter nordamerikanischen Freunden üblich. Im Gegensatz dazu wird der Handschlag in Südamerika so ausgeführt, daß die Daumen ineinandergreifen (siehe »Abschied«, S. 35).

Abb. 27

Abgesehen vom Händeschütteln und Umarmen wird auch noch das Winken, das wir im Kapitel »Abschied« bereits eingehend besprochen haben, zur Begrüßung verwendet. Das Winken mit der offenen Handfläche symbolisiert wiederum Offenheit und kommt meist dann zum Einsatz, wenn der Abstand zwischen zwei Personen zu groß ist, als daß es möglich wäre, sich die Hand zu reichen oder sich zu umarmen. Wenn Sie also beispielsweise eine in einem Bus sitzende Freundin an sich vorbeifahren sehen, werden Sie sie sicher mit einem Winken begrüßen, und sehr wahrscheinlich werden Sie darüber hinaus einige typische Körpersignale aussenden, die Teil jedes Begrüßungsrituals sind. So werden Sie vermutlich lächeln, werden den Kopf ein wenig in den Nacken legen und das Kinn dadurch leicht anheben. Und vielleicht werden Sie den Mund ein wenig öffnen oder sogar ein lautloses »Hallo« mit den Lippen formen.

Abb. 28

Neben der Umarmung (siehe »Abschied«, S. 35) wird oft auch der Kuß als Begrüßungsgeste eingesetzt. Während sich Liebespaare mit einem Kuß auf die Lippen begrüßen, kann der Wangenkuß, der ja keinen sexuellen Aspekt beinhaltet, auch unter Verwandten, Freunden oder guten Bekannten beobachtet werden. Das Küßchen auf die Wange ist vor allem in westlichen Ländern verbreitet und kommt meist zwischen Frauen oder zwischen Frauen und Männern, sehr viel seltener jedoch zwischen zwei Männern vor.

Es gibt mehrere Varianten des Begrüßungskusses. Meist wird sowohl die rechte als auch die linke Wange geküßt. Nicht immer wird der Kuß dabei vollständig ausgeführt. Häufig wird er nur angedeutet, indem der Kuß in der Nähe der Wangen gehaucht, die Haut des anderen dabei jedoch nicht wirklich berührt wird, was den praktischen Vorteil hat, daß das Make-up der geküßten Damen darunter nicht leidet. Der Begrüßungskuß auf oder neben die Wange kann vorwiegend in höheren Gesellschaftsschichten und besonders häufig in der Medien- und Theaterwelt sowie überhaupt unter Künstlern beobachtet werden.

In anderen Ländern gibt es dem Begrüßungskuß vergleichbare Berührungen. Besonders bekannt ist das Nasenreiben, wie es bei den Eskimos, den Maoris, den Lappen sowie den afrikanischen und arabischen Beduinen üblich ist. Ebenso wie der Lippenkuß signalisiert auch der »Nasenkuß« Nähe und Vertrauen. Nicht immer werden die Nasen zur Begrüßung wirklich aneinander gerieben. Oft wird die Nase auch an die Wange oder die Stirn des anderen gedrückt. Und in Saudi-Arabien begrüßen männliche Beduinen sich, indem die Nasenspitzen zwei- bis dreimal kurz gegeneinander getupft werden (siehe auch »Abschied«, S. 35).

Abb. 29

Eine besonders förmliche und respektvolle Art, eine Frau zu begrüßen, besteht für einen Mann darin, ihr die Hand, genauer gesagt die Fingerrücken, zu küssen. Ist der Mann mit den Regeln des Anstands vertraut, wird er dies ohne lautes Schmatzen tun, und oft wird er den Kuß nur andeuten, ohne die ihm gereichte Damenhand mit den Lippen zu berühren.

Beim Handkuß handelt es sich um eine Geste aus früheren Epochen. Sie geht auf die Zeit zurück, da es nur Menschen gleichen Standes erlaubt war, sich im Gesichtsbereich zu küssen, während Untergebene je nach Rangordnung mit der Hand oder gar den Füßen vorliebnehmen mußten.

Heute wird der Handkuß fast nur noch in Polen, Italien, Spanien und Frankreich und auch dort nur noch selten ausgeführt. In der Kirche ist der Handkuß gelegentlich noch unter Gläubigen üblich, die ihre Hochachtung bekunden, indem sie den Ring der (mit einem Handschuh bekleideten) Hand des Bischofs küssen.

Abb. 30

Ebenso wie der Handkuß ist auch das Abnehmen oder Antippen des Hutes eine relativ veraltete Begrüßungsgeste, die heute in der westlichen Welt nichtsdestotrotz noch gemacht wird – auch von Menschen, die überhaupt keinen Hut tragen. Sie geht auf das Mittelalter zurück, als ein Mensch niederen Ranges sich bei der Begegnung mit einem Ranghöheren kleiner machte, indem er den Hut abnahm. In früheren Zeiten war das Lüften des Hutes eine Kunst für sich, die mit tiefen Verbeugungen und komplizierten Bewegungsabläufen verbunden wurde. Ab Mitte des 19. Jahrhunderts wurde der Hut zur Begrüßung schließlich nur noch kurz ab- und sogleich wieder aufgesetzt. Dennoch wird der »Hutgruß« auch heute noch mit einer leichten Verbeugung des Kopfes kombiniert. Eine Variante des Hutabnehmens besteht darin, die Hutkrempe mit der Hand kurz zu umfassen oder sie nur flüchtig anzutippen. Auch der militärische Gruß ist eine formalisierte Form des Hutabnehmens.

Abb. 31

Umarmungen, Händeschütteln und Winken sind Begrüßungsrituale, die teilweise vor allem in westlichen Ländern, teilweise
aber weltweit verbreitet sind. Im Gegensatz dazu gibt es einige
Grußformen, die in anderen Kulturen üblich sind, bei uns
jedoch nur selten beobachtet werden können. Zu ihnen gehört
die Verbeugung – ebenso wie das Abnehmen des Hutes eine traditionelle Form der Körperverkleinerung.

Während die Verbeugung in früheren Jahrhunderten auch im
Westen gebräuchlich war, um den anderen zu begrüßen und ihm
Respekt zu zollen, ist diese Geste heute vor allem in Japan
üblich. So wie Europäer und Amerikaner sich mit einem Hände-
schütteln willkommen heißen, begrüßen sich Japaner mit einer
Verbeugung des Oberkörpers. Dabei gilt übrigens, daß der

Ranghöhere sich weniger weit nach unten und kürzer verbeugt als der »unter ihm Stehende«.

In Japan wird zwischen der traditionellen förmlichen und der zwanglosen moderneren Verbeugung unterschieden. Bei der erstgenannten Form neigt sich der Oberkörper relativ weit nach unten, die Handflächen liegen auf den Oberschenkeln, und es wird mehrmals eine auf- und abschwenkende Bewegung ausgeführt.

Bei weniger festlichen oder offiziellen Anlässen verbeugt man sich auch weniger tief, deutet die Verbeugung oft sogar nur an, wobei die Hände seitlich hängen. Treffen japanische mit europäischen oder amerikanischen Geschäftspartnern zusammen, so werden sie sich inzwischen in der Regel mit einem Händeschütteln begrüßen, wobei die leichte Verbeugungstendenz beim japanischen Partner in vielen Fällen immer noch auffallen dürfte.

Abb. 32

Eine besondere Form der Verbeugung bildet der indische »Salaam-Gruß«. Der Grüßende faltet dazu die Hände zur Gebetshaltung und führt darüber hinaus noch eine kleine Verbeugung mit dem Kopf oder Oberkörper aus (Abb. 32).

Abb. 33

In der arabischen Kultur besteht die traditionelle Grußform im »großen Salaam«, bei der die Handfläche zunächst die Mitte der Brust, dann die Lippen und zuletzt die Mitte der Stirn berührt. Anschließend wird die offene Hand noch kurz zum Gruß erhoben. Der »Salaam-Gruß« – »Salaam aleikum« bedeutet »Friede sei mit dir« – kennt verschiedene Kurzformen. Am gebräuchlichsten ist der Stirnsalaam, der in Abbildung 33 zu sehen ist. Dabei werden die Fingerspitzen kurz an die Stirn geführt, der Kopf wird gleichzeitig ein wenig nach vorne geneigt, anschließend wird die offene Handfläche nach vorne gedreht, wobei es sich wieder um die bereits besprochene Geste der offenen Hand handelt, wie sie ja auch beim Winken angedeutet wird.

• **Tip: Körpersprache bewußt einsetzen**

Das erste Treffen und die Art der Begrüßung spielen im täglichen Leben eine große Rolle. Ob Sie einem anderen Menschen sympathisch sind oder nicht, liegt an vielen, oft subtilen Faktoren, und natürlich ist der Zauber der Sympathie und das Gefühl, auf gleicher Wellenlänge zu sein, nicht »machbar«. Auf der anderen Seite ist es aber auch mehr als nur ein reiner Zufall, ob bei einer ersten Begegnung ein Funke überspringen kann und ob aus zwei Unbekannten später einmal Freunde werden oder nicht.

Wenn Sie bei Begrüßungen darauf achten, körpersprachliche Signale auszusenden, die Offenheit, Nähe und Vertrauen übermitteln, erleichtern Sie es Ihrem Partner, Zugang zu Ihnen zu finden und seine Schutzmechanismen außer Kraft zu setzen. Nehmen Sie daher bei jeder Begrüßung eine offene Haltung ein. Lächeln Sie Ihr Gegenüber an, suchen Sie den Augenkontakt, und reichen Sie ihm die Hand. Beobachten Sie aber auch, ob es Ihnen gelingt, wirklich locker und offen bleiben zu können. Einfacher wird das, wenn Sie darauf achten, Ihre Schulter- und Kiefermuskulatur zu entspannen und den Atem ruhig fließen zu lassen. Auch kleine Berührungen, wie etwa ein kurzes Anfassen der Schulter des Gesprächspartners, können im Verlauf der Begrüßung eingebaut werden, sollten jedoch im allgemeinen sehr vorsichtig eingesetzt werden.

Beleidigung

Die Möglichkeiten, andere Menschen ohne Worte und allein durch den Einsatz von Körpergesten zu beleidigen, sind äußerst reichhaltig. Und in kaum einem anderen Bereich der Körpersprache fallen die kulturellen Unterschiede sosehr ins Gewicht, wie es bei körpersprachlichen Beleidigungen der Fall ist. Gesten, die in manchen Gegenden »Ich liebe dich« bedeuten, werden in anderen Ländern als sexuelle Beleidigungen verstanden.

Abgesehen von einigen scherzhaft gemeinten, zeugen die meisten Beleidigungsgesten von Aggressionen und offener Mißbilligung (siehe auch »Aggression«, »Drohung«, »Wut« und »Uneinigkeit«). Nicht selten sind so unscheinbar wirkende kleine Gesten wie der ausgestreckte Mittelfinger Anlaß zu Komplikationen und Unannehmlichkeiten. Da es natürlich eigentlich albern ist, andere Menschen durch Gesten beleidigen und kränken zu wollen, tun wir gut daran, auf die weiter hinten beschriebenen Beleidigungsgesten mit Gelassenheit zu reagieren, sofern sie uns einmal begegnen sollten, was im normalen Alltagsleben aber ohnehin selten der Fall sein dürfte.

Abb. 34

Wenn wir einem anderen Menschen gegenüber zum Ausdruck bringen wollen, daß wir ihn für einen Spinner halten, können wir uns mit dem Zeigefinger kurz an die Stirn tippen oder eine schraubende Bewegung an der Schläfe ausführen. Den »Vogel zeigen« ist eine Geste, die vor allem in westlichen Ländern weit verbreitet ist, die aber beispielsweise auch in Japan beobachtet werden kann. Wenn kreisförmige Bewegungen im Bereich der Schläfe ausgeführt werden, wollen wir dem anderen signalisieren, daß bei ihm wohl »eine Schraube locker« ist oder daß wir der Ansicht sind, er befinde sich in einem geistig verwirrten Zustand (Abb. 34).

Abb. 35

Eine weitere unschöne Beleidigungsgeste besteht darin, den rechten Unterarm mit der nach vorne zeigenden Handfläche nach oben zu halten. Während der linke Handrücken an den Ellbogen tippt, führt der rechte Unterarm eine schnelle Schlagbewegung nach vorne durch. Mit dieser Geste, die natürlich auch umgekehrt, also mit den jeweils anderen Händen, durchgeführt werden kann, will man dem anderen bedeuten, daß er sich gefälligst verziehen möge.

Das Schlagen des Ellbogens ist eine weitverbreitete Beleidigung und kennt viele Variationen. Wird der Ellbogen beispielsweise mit der Handfläche geschlagen, heißt dies im deutschsprachigen Raum, daß man den anderen für einen Dummkopf hält. In Südamerika deutet die nahezu gleiche Geste auf einen Geizhals hin, während das Schlagen des Ellbogens mit der Handfläche in Italien dazu auffordert zu verschwinden.

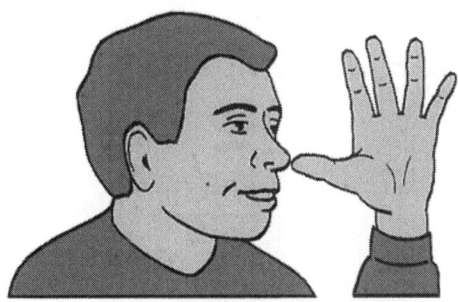

Abb. 36

Eine Beleidigung, die vor allem von Kindern mit Vorliebe eingesetzt wird und bei Erwachsenen meist scherzhaft gemeint ist, ist die »lange Nase«. Während die Daumenkuppe die Nasenspitze berührt, werden die anderen Finger nach oben gespreizt. Diese verspottende Geste ist weltweit bekannt; woher sie ursprünglich stammt, weiß heute jedoch niemand mehr. Es gibt einige Variationen dieser durchaus komisch anmutenden Geste. Zum einen kann die zweite Hand dazu benutzt werden, die verlängerte Nase noch weiter zu verlängern. Zum anderen ist auch die Kombination mit der herausgestreckten Zunge beliebt.

Das Herausstrecken der Zunge ist freilich schon allein für sich eine Geste der Ablehnung und wird vor allem von Kindern weltweit eingesetzt, wobei Verhaltensforscher davon ausgehen, daß sich diese Geste aus dem Ausspucken der Nahrung entwickelt hat.

Eine weitere, weniger naheliegende Variation der langen Nase besteht darin, die Daumen in die Ohren zu stecken und die nach oben abgespreizten Finger hin- und herzubewegen. Mit dieser Geste wird angedeutet, daß man den anderen für einen »Esel« hält.

Abb. 37

Aufgrund kultureller Unterschiede sollte man auf Reisen in fernen Ländern im Hinblick auf sein Verhalten besonders vorsichtig sein. Wer beispielsweise in Ägypten, Thailand, Singapur oder Saudi-Arabien unterwegs ist und auf einem öffentlichen Marktplatz auf die Idee kommt, sich gemütlich in ein Lokal zu setzen und das eine Bein über das andere zu schlagen, der könnte eine unliebsame Überraschung erleben. In einigen Teilen der Welt gilt es nämlich als äußerst unverschämt, jemand anderem die Fußsohle hinzuhalten. Ebenso verfehlt wäre es, die Füße auf einem Stuhl abzulegen, da die zugewandte Fuß- beziehungsweise Schuhsohle mit Schmutz assoziiert wird und der Fuß als »niedrigste Körperzone« gilt.

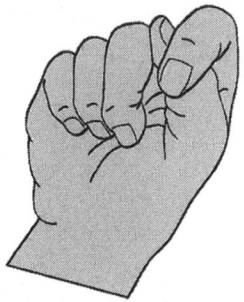

Abb. 38

Neben den allgemeinen Beleidigungen, die meist darauf hinauslaufen, daß man den anderen für einen Idioten hält oder ihn zum Verschwinden bewegen will, gibt es natürlich auch eine Reihe sexueller Beleidigungen. So wird die zur Faust geschlossene »Feige«, bei der der Daumen den Penis symbolisiert und zwischen Zeige- und Mittelfinger geschoben wird, vor allem in den Beneluxstaaten als obszöne Aufforderung zum Geschlechtsverkehr interpretiert. Die mehr als 2000 Jahre alte Geste stammt ursprünglich aus mediterranen Gegenden. In der Türkei, Griechenland und Sardinien wird sie noch heute als äußerst derbe Beleidigung aufgefaßt.

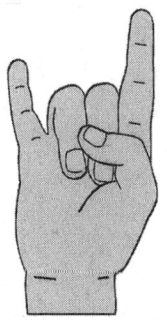

Abb. 39

Auch die in Abbildung 39 gezeigte Geste, bei der der kleine
Finger und der Zeigefinger ausgestreckt werden, gehört zur
Kategorie der obszönen Beleidigungen. Durch die Handstellung
sollen Hörner symbolisiert werden. Die Geste ist über 2000
Jahre alt und kann vor allem in mediterranen Ländern beobachtet werden. Sie zeigt an, daß jemandem die »Hörner aufgesetzt«
wurden, er also betrogen wurde. Die Herkunft der Geste ist
ebenso unklar wie die der entsprechenden Redensart. Als
Ursprung kommen einige Fabeln und Sagen in Frage, in denen
von Männern erzählt wird, denen ein Horn auf der Stirn wuchs,
nachdem ihnen ihre Frauen untreu geworden waren.

Allerdings ist die »Hörner-Geste« mehrdeutig. So wird sie in
vielen Teilen der Welt auch als Abwehrgeste gegen den bösen
Blick eingesetzt. Ebenso kann sie Zorn symbolisieren, wobei
die Hörner hierbei auf einen wütenden Stier hinweisen. Trotz
der unterschiedlichen Bedeutungen sollten Sie besser davon
absehen, die Handgeste in einem Land, dessen Gebräuche Sie

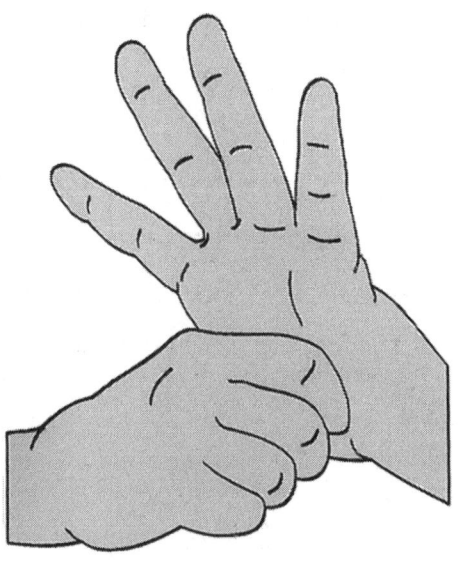

Abb. 40

nicht kennen, nachzuahmen, da schon einige Männer, die sich dieses Handzeichens bedienten, im Anschluß aufgrund emotionaler Verwicklungen kurzerhand ermordet wurden.

Im Gegensatz zu der soeben besprochenen »Hörner-Geste«, die ja unterschiedliche Bedeutungen haben kann, ist die in Abbildung 40 gezeigte Handbewegung eindeutig als sexuelle Beleidigung anzusehen. Die vor allem in Südeuropa und Südamerika verbreitete Geste bedeutet nichts anderes als »Fick dich!« und gilt dementsprechend in etwas feineren Gesellschaftskreisen als überaus ordinär.

Bei dieser Geste wird die Daumenseite der geschlossenen Faust mehrmals kräftig gegen die geöffnete Handfläche der anderen Hand gestoßen, wodurch die Stoßbewegungen beim Geschlechtsverkehr imitiert werden sollen. Der aggressive Aspekt der Faust wird körpersprachlich nicht nur eingesetzt, um anderen zu drohen oder Kampfbereitschaft zum Ausdruck zu bringen, sondern auch, um andere zu beleidigen. Vor allem sexuelle Kränkungen werden oft durch »Faust-Gesten« angezeigt.

Beruhigen

In Situationen, in denen die Emotionen hochkommen, beispielsweise in Diskussionsrunden, die zu eskalieren drohen, wird man versuchen, die Teilnehmer zu beruhigen. Hierbei besteht eine Möglichkeit darin, beschwichtigende Worte zu gebrauchen und die Emotionen dadurch wieder mehr unter Kontrolle zu bringen. Doch es gibt auch eine typische Körpergestc, die oft von friedliebenden Menschen gemacht wird, sobald die Stimmung aggressiver wird.

Abb. 41

Bei der beschwichtigenden und beruhigenden Geste werden die Handflächen beider Hände mehrmals nach unten geschoben, so als wolle man die unangenehme Stimmung von sich wegschieben. Die Handbewegung bedeutet soviel wie: »Bitte beruhigen Sie sich doch« oder »Bitte etwas leiser/langsamer«. Die Hände werden sanft und vorsichtig nach unten bewegt, was den besänftigenden Aspekt der Geste besonders deutlich zum Ausdruck bringt.

Die offenen Handflächen, die ja grundsätzlich Offenheit und Frieden symbolisieren, dienen bei der oben abgebildeten Geste auch dazu, eine leichte Abwehrbewegung auszuführen und sich vor der negativen Atmosphäre oder dem verbalen Angriff anderer Menschen zu schützen.

Depression

Während es sich bei der sogenannten endogenen Depression um eine ernsthafte psychische Erkrankung handelt, benutzen wir das Wort Depression im alltäglichen Sprachgebrauch recht häufig, um auf eine gedrückte und getrübte Stimmung hinzuweisen. Genaugenommen müßten wir von depressiven Verstimmungen sprechen, die weit verbreitet sind und wohl jeden Menschen im Laufe seines Lebens ein- oder mehrmals befallen. Während der traurige Mensch (siehe »Trauer«, S. 187) seine Trauer noch zum Ausdruck bringen kann, ist der depressive ganz in sich zurückgezogen und scheint oft wie gelähmt zu sein.

Abb. 42

Wenn jemand beispielsweise aufgrund belastender Ereignisse depressiv, also im wahrsten Sinne des Wortes niedergedrückt ist, wird er dies nicht unbedingt äußern, indem er mit anderen über sein Befinden spricht. Hingegen wird sein Körper eine sehr deutliche Sprache sprechen. Die in Abbildung 42 gezeigte Person nimmt eine Körperhaltung ein, die darauf hindeutet, daß sie sich niedergeschlagen fühlt. So können wir beispielsweise die leicht nach vorne gebeugte Haltung, den etwas hängenden Kopf und die hängenden Schultern, aber auch die in die Mantel-taschen ge- und versteckten Hände – ein Symbol für die einge-schränkte »Handlungsfähigkeit« – erkennen. Wenn sich der be-treffende Mensch dann auch noch mit kleinen, schleppenden Schritten vorwärts bewegt und einen apathischen Gesichtsaus-druck zeigt, dürfte kein Zweifel daran bestehen, daß er sich in einer kraftlosen, negativen Stimmung befindet.

Abb. 43

Der Wunsch, sich in sich selbst zurückzuziehen, ist charakteri-stisch für jede Form der depressiven Verstimmung. Man ist nicht mehr bereit, auf äußere Reize zu reagieren, und will alles in allem möglichst wenig mit der äußeren Welt zu tun haben. Die in Abbildung 43 gezeigte Sitzweise deutet insofern auf »Niedergeschlagenheit« hin, als der hängende Kopf auf Finger und Daumen aufgestützt wird und die Hände quasi als Scheuklappen dienen. Der Kopf kann nicht mehr aus eigener Kraft gehalten werden, der Mensch »läßt den Kopf hängen« oder ist eben »down«.

Natürlich ist es immer wichtig, Körpersprache im Gesamtzusammenhang zu interpretieren, da die gezeigte Stellung beispielsweise auch bei Studierenden zu beobachten ist, die sich auf ihren Stoff konzentrieren und sich gegen Reize aus der Außenwelt verschließen möchten.

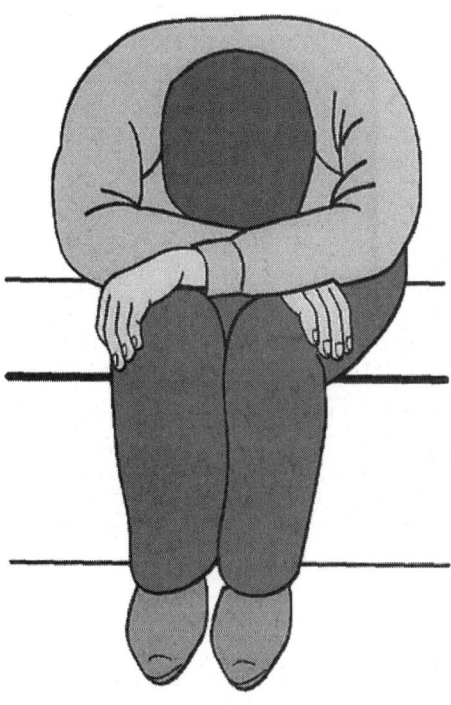

Abb. 44

Nicht selten werden Depressionen durch eine vorherige Über-
forderung verursacht. Wenn ein Mensch die Grenzen seiner
Belastbarkeit erreicht und entsprechend viel Spannung aufgebaut hat, ist der ausgleichende Verlust der Körperspannung
allzu verständlich. Der Muskeltonus – der natürliche Spannungszustand der Muskulatur – ist herabgesetzt, und man sinkt
förmlich in sich zusammen. In Abbildung 44 wird aber auch der
Versuch offenkundig, sich ganz und gar in sein Schneckenhaus
zurückzuziehen. Der Oberkörper ist zusammengerollt, der Kopf
wird im Schoß vergraben, die Knie werden umklammert, die
Beine sind geschlossen – eine Schutzhaltung ist aufgebaut, die
letztlich niemand mehr zu durchdringen vermag.

• Tip: Körpersprache bewußt einsetzen

Jeder von uns kennt Momente im Leben, in denen die Belastungen überhandnehmen und der Wunsch, sich zu verstecken und der Welt zu entfliehen, deutlich ins Bewußtsein
drängt. Glücklicherweise treten dann nicht immer gleich
handfeste Depressionen auf, doch natürlich kann es schon
vorkommen, daß wir »den Kopf ein wenig hängen lassen«.
Abgesehen davon, daß es manchmal ganz sinnvoll ist, diesen Impulsen nachzugeben, besteht auch die Möglichkeit,
seinen Gefühlszustand zu verändern, indem man seine Körperhaltung verändert.

Sollten Sie einmal den Wunsch verspüren, sich aus einer
kleinen depressiven Verstimmung zu befreien, sollten Sie
folgendes Experiment machen: Heben Sie den Kopf ein
wenig nach oben, richten Sie auch den Blick aufwärts, und
lassen Sie die Brust etwas weiter werden, indem Sie das
Brustbein ganz leicht nach vorne strecken. Wenn Sie es nun
auch noch schaffen, ein Lächeln auf Ihre Lippen zu zaubern

und diese energievolle Haltung einige Minuten lang aufrechtzuerhalten, werden Sie bemerken, wie sich Ihre Stimmung schnell verändert. Sie können den Effekt noch steigern, indem Sie mit leicht geöffnetem Mund einige tiefe Atemzüge in die Brust durchführen oder einen schnellen Spaziergang um den Block oder besser noch durch den Wald machen.

Ebenso wie sich unsere psychische Verfassung auf den Körper auswirkt und seine Haltung verändert, können wir umgekehrt auch Einfluß auf unsere Stimmung nehmen, indem wir die Körperhaltung bewußt verändern.

Dominanz

Menschen, die aufgrund ihres Ranges, ihres sozialen Status oder ihrer intellektuellen Überlegenheit das Gefühl haben, über den anderen zu stehen, werden dies vor allem durch ihre Körpersprache zum Ausdruck bringen, wenngleich ihnen dies meist nicht bewußt sein dürfte. Die Grenzen zwischen Selbstsicherheit, selbstbewußtem Auftreten und Arroganz beziehungsweise Überheblichkeit sind fließend. Es kommt daher immer auf viele Faktoren an, um festzustellen, ob wir es mit einem selbstsicheren oder einem überheblichen Menschen zu tun haben. Hier spielen neben der Körpersprache auch der Gesichtsausdruck und der Inhalt der Worte eine große Rolle.

Dennoch gibt es einige typische Körpersignale, die auf Überlegenheit und Dominanz hinweisen, da sich jede innere Haltung natürlich auch nach außen spiegelt. So wird derjenige, der sich selbst besonders wichtig nimmt und gerne die Führung ergreift, eine besonders aufrechte Haltung, einen energischen Gang und vielleicht sogar eine etwas abfällige Art an den Tag legen.

Abb. 45

Eine typische Dominanzgeste besteht darin, auf die anderen herabzublicken. Dazu ist es natürlich nötig, sich selbst etwas größer zu machen, und das tut der Selbstgefällige, indem er den Kopf ein wenig in den Nacken legt, wodurch das Kinn etwas nach vorne geschoben wird, was zusätzlich eine aggressive Geste ist. Natürlich wird diese Kopfhaltung in dem Moment als scherzhaftes Gebaren empfunden, da sie übertrieben wird. Eine allzu deutlich zur Schau getragene Snobhaltung wird in unseren Tagen weitgehend vermieden. Hingegen pflegen manche Chefs, Manager oder andere innerhalb einer bestimmten Hierarchie hochgestellte Persönlichkeiten zuweilen immer noch die Unsitte, ihre »Untergebenen« während einer Unterhaltung keines Blickes zu würdigen. Dieses bewußte Nichtbeachten des anderen bringt die Dominanz ebenso deutlich zum Ausdruck wie ein aggressives Anstarren, das den anderen dazu zwingt, den Blick zu senken und auf diese Weise eine Demutsgeste zu machen.

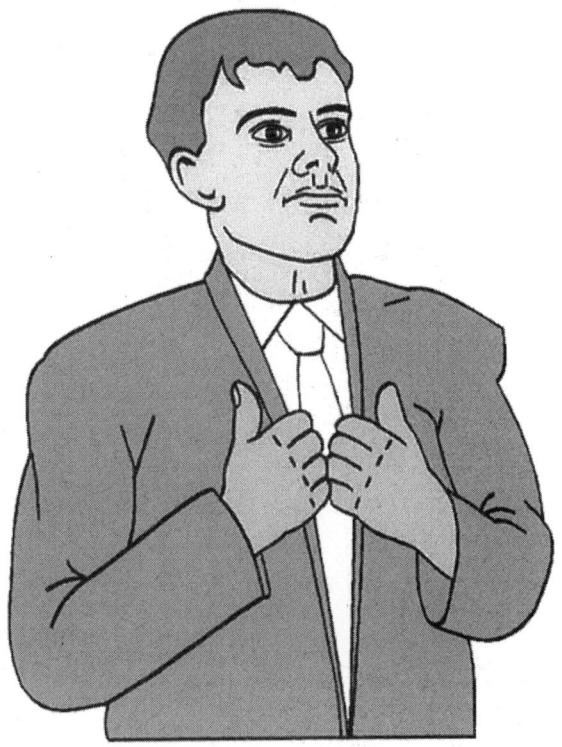

Abb. 46

Eine Körperhaltung, die sich im Grenzbereich zwischen Selbstsicherheit und Überheblichkeit bewegt, ist in Abbildung 46 dargestellt. Die Stellung vereint den etwas angehobenen Kopf, der
die »Hochnäsigkeit« und das Herabblicken ermöglicht, mit dem
Umgreifen des Anzugs. Die Daumen, die als stärkste Finger
Macht symbolisieren, werden deutlich zur Schau gestellt. Hinzu
kommt, daß die Daumen nach oben weisen – eine typische
Erfolgsgeste – und die »männliche« Brust betont wird. Diese
Körperhaltung können wir häufig bei Rechtsanwälten beobachten, die vor Gericht Eindruck schinden wollen. Ebenso wird die
Stellung zuweilen von Politikern oder hochgestellten Industriel-
len eingenommen.

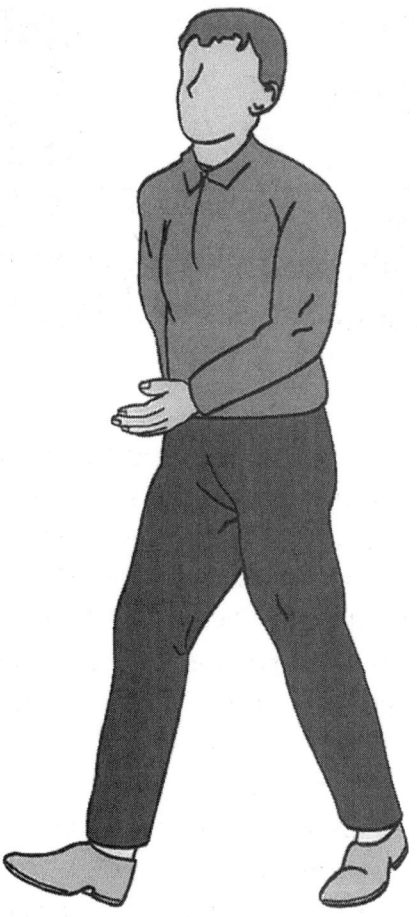

Abb. 47

Eine dominante Persönlichkeit deutet ihre Überlegenheit nicht nur durch die Körperhaltung, sondern auch durch ihren Schritt an. Ein selbstbewußter Mensch schreitet eher, als daß er geht. Die Schritte sind groß, die Arme schwingen betont mit, der Kopf ist leicht erhoben. Vor allem Staatsmänner neigen dazu, auf diese Weise zu stolzieren, wobei die Beine manchmal relativ starr gehalten werden, wodurch insgesamt doch eher ein steifer Eindruck entsteht.

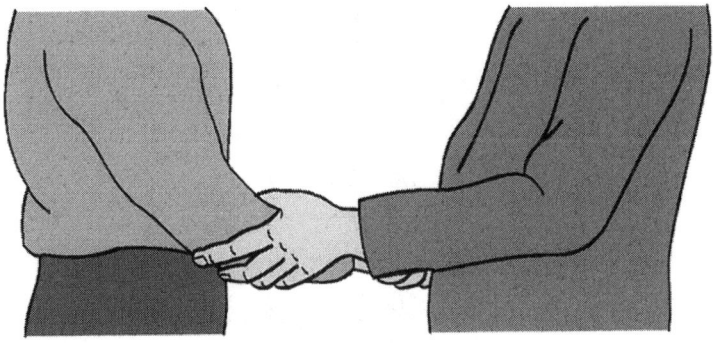

Abb. 48

Natürlich gibt es wesentlich subtilere Möglichkeiten, um anderen Menschen zu zeigen, daß man die Situation dominiert oder die Führung zu übernehmen gewillt ist. So trägt eine Reihe von Gesten dazu bei, sein Gegenüber einzuschüchtern. Zum einen gelingt dies beispielsweise dadurch, daß man sein Territorium mißachtet und ihm während eines Gesprächs oder einer Begegnung ein wenig zu nahe kommt (siehe »Abstand«, S. 35).

Neben dem Nichtbeachten des fremden Reviers kann sich auch bei Begrüßungsgesten wie dem Handschlag dominantes Verhalten zeigen. In Abbildung 48 sehen wir, wie einer der Partner den anderen bei der Begrüßung um den Unterarm faßt. Obwohl diese Geste auch sehr freundschaftlich gemeint sein kann (siehe »Begrüßung«, S. 57), wird sie in einigen Situationen eher Bestimmtheit und Dominanz übermitteln.

Drohung

Es gibt eine breite Fülle an Drohgesten und Kampfsignalen, die allesamt dazu dienen, jemand anderen einzuschüchtern. Verständlicherweise haben viele Drohgebärden einen sehr aggressiven Charakter, sind teilweise jedoch so weit verbreitet, daß kaum jemand auf die Idee kommen wird, diese Formen des Imponiergehabes gingen auf territoriale Kämpfe zurück, wie sie im Tierreich gang und gäbe sind. Auch beim Menschen entstehen viele Streitigkeiten lediglich durch bewußte oder unbewußte Verletzungen der jeweiligen Reviere (siehe »Abgrenzung«, S. 23). Wir wollen uns im folgenden einige der wichtigsten Drohgebärden etwas genauer ansehen.

Abb. 49

Das Anstarren des Gegners gehört wohl zu den bedrohlichsten körpersprachlichen Signalen, die übrigens auch bei den Affen und insbesondere bei den Menschenaffen immer dann zu beobachten sind, wenn sich Kampfbereitschaft breitmacht. Indem der »Feind« mit weit aufgerissenen Augen fixiert wird, versucht man, seine Macht abzuschätzen. Je länger ein solcher Blick dauert, desto unangenehmer wird es für den Angestarrten. Wer als erster den Blick senkt, hat sich dadurch unbewußt unterworfen, denn das Senken des Blicks gilt als Zeichen der Demut.

Die Spannung, die entsteht, wenn zwei kampfbereite Menschen sich unerschrocken in die Augen blicken, ist in vielen
Actionfilmen, in denen Bösewichte und Helden aufeinandertref-
fen, aber auch vor Boxkämpfen zu beobachten, wo die beiden
Boxer durch das gegenseitige Anstarren Stärke und Selbstbewußtsein demonstrieren.

Jeder von uns kennt das unangenehme Gefühl, das entsteht,
wenn man von einem fremden Menschen angestarrt wird. Starren wir hingegen andere an, was als äußerst unhöflich gilt, so
können wir bemerken, wie der andere unruhig wird und, falls es
sich um einen aggressiv veranlagten Menschen handelt, auch
auf uns zukommt, um uns zu fragen, was das »Gestarre« zu
bedeuten hat. Unbewußt wird der lange aufrechterhaltene Blick
immer als Drohung aufgefaßt.

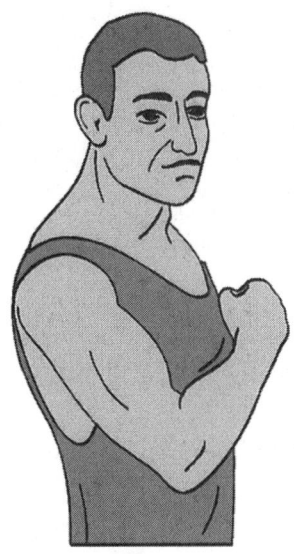

Abb. 50

Eine weitere, unmißverständliche Drohgebärde besteht darin,
sich mit der geschlossenen Faust einige Male auf die Brust zu

schlagen. Auch diese Geste kann bei unseren tierischen Verwandten, den Affen, beobachtet werden. Beim Menschen ist das »An-die-Brust-Schlagen« ebenfalls weit verbreitet, mit der Einschränkung, daß die Geste wohl ausschließlich von Männern benutzt wird. Daß diese durch das aus den Tarzanfilmen bekannte »Brustschlagen« oft weniger Stärke und Männlichkeit als vielmehr ihre Verwandtschaft zum Tierreich demonstrieren, scheint diesem Verhalten übrigens keinen Abbruch zu tun.

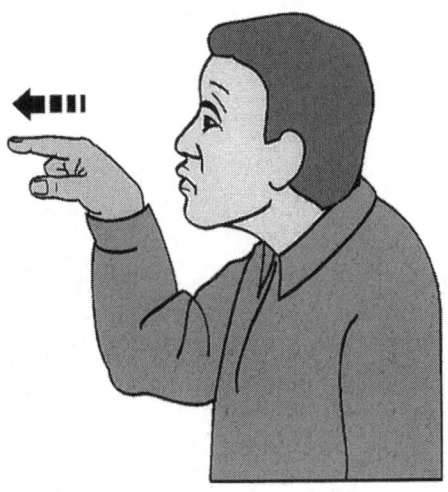

Abb. 51

Neben der Faust – dem klassischen Symbol für Stärke – wird auch der Zeigefinger sehr häufig eingesetzt, wenn es darum geht, andere einzuschüchtern. Wir alle kennen die Bedeutung des erhobenen Zeigefingers. Und natürlich wird jedes Kind, das eine wütend dreinblickende Mutter mit mahnendem, auf- und abschwenkendem Zeigefinger auf sich zukommen sieht, ahnen, daß es sich auf einigen Ärger gefaßt machen muß.

Der in Abbildung 51 gezeigte nach vorne stoßende Zeigefinger wird beispielsweise von Rednern eingesetzt, die ihren verbalen Angriff auf eine andere Person körpersprachlich untermauern wollen. Die Assoziation mit einer Stichwaffe liegt nahe und dürfte zumindest teilweise dafür verantwortlich sein, daß derartige Gesten bedrohlich auf uns wirken. Nicht umsonst gilt es ja als unhöflich, »mit nackten Fingern (gemeint ist dabei stets der Zeigefinger) auf angezogene Leute zu zeigen«.

Abb. 52

Besonders bedrohlich wirkt der Einsatz des Zeigefingers, wenn dabei gleichzeitig ein aggressiver Gesichtsausdruck angenommen und das Kinn leicht angehoben wird. Wenn das Kinn nach vorne geschoben wird, wird dem Gegner die empfindliche Kehle dargeboten, jetzt allerdings nur, weil man sich ohnehin sicher ist, der Stärkere zu sein. Je nach Situation könnte die Person in Abbildung 52 durch ihre Körpersprache »Verschwinde sofort von hier!« oder »Trau dich nur hierher, dann wirst du schon sehen, was passiert!« zum Ausdruck bringen.

• Tip: Körpersprache bewußt einsetzen

Achten Sie bei Gesprächen mit Freunden oder Geschäftspartnern darauf, Drohgesten aller Art zu vermeiden. Machen Sie sich bewußt, daß der erhobene, der stoßende oder schlagende Zeigefinger ebenso wie der Einsatz der Faust oder das Anstarren des anderen dazu führen wird, daß dieser eine Schutzhaltung aufbaut und jegliche Kommunikation dadurch sehr schwierig und problematisch werden dürfte. Achten Sie daher immer auf Ihre Körpersprache, denn viele Signale, die Sie aussenden, werden Ihnen erst durch Selbstbeobachtung bewußt.

Wenn Sie den anderen anlächeln, sich ihm auch körperlich zuwenden und mit offenen Händen gestikulieren, können Sie es vermeiden, ihn unbeabsichtigt einzuschüchtern.

Ekel

Es gibt eine ganze Reihe äußerer Reize, die Ekel erzeugen können, so beispielsweise der Anblick von Kot, Blut oder Erbrochenem. Zum einen können viele visuelle Eindrücke dazu führen, daß wir mit Abscheu reagieren, oder wir können uns zum Beispiel vor einem Menschen ekeln, der sich völlig danebenbenimmt und vulgäre Gedanken äußert, die wir schlicht und einfach ekelhaft finden. Zum anderen sind es vor allem unangenehme Gerüche, die Ekel erzeugen.

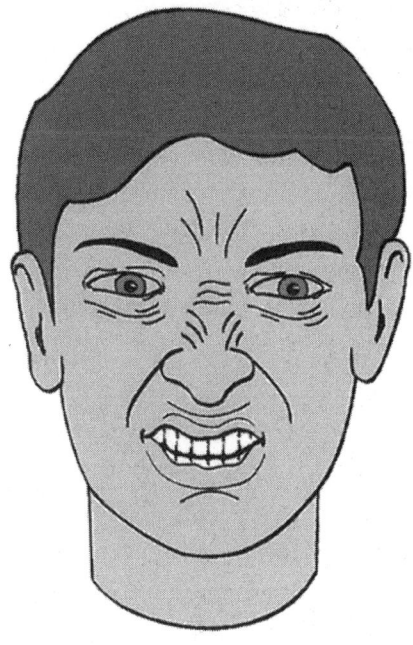

Abb. 53

Abbildung 53 zeigt die typische Ekel-Reaktion, nämlich das Rümpfen der Nase. Diese instinktive Reaktion, bei der es zu einer Anspannung der Muskulatur im Nasenbereich kommt, wodurch sich gleichzeitig auch die Augen verkleinern, erfolgt so unmittelbar, daß sie sich unserer bewußten Kontrolle vollkommen entzieht. Neben dem charakteristischen Naserümpfen, das aufgrund einer instinktiven Schutzreaktion gegen »giftige« Gerüche erfolgt, wird bei der Empfindung von Ekel meist auch noch die Oberlippe nach oben gezogen oder ein leichter Schmollmund geformt.

Abgesehen vom typischen Gesichtsausdruck, den der Angeekelte unwillkürlich annimmt, wird die weitere Ekel-Reaktion darin bestehen, daß er sich vom ekelerregenden Reiz abwendet und sodann gewissermaßen das Weite sucht.

Entschlossenheit

Viele Redner setzen bewußt oder unbewußt die Hände ein, um ihre Entschlossenheit zu demonstrieren und keinen Zweifel daran aufkommen zu lassen, daß sie das, was sie sagen, auch wirklich meinen. Handgesten sind besonders effektiv und erreichen die Zuhörerschaft auf unbewußter Ebene mit großer Wahrscheinlichkeit. Dabei signalisiert die in der Gestik eingesetzte »Hand« die Bereitschaft zum »Hand-eln«.

Abb. 54

Ein Redner, der die Faust einsetzt, um seinen Worten Nachdruck zu verleihen, bedient sich damit einer aggressiven Geste, da die Faust »Kraft« und »Macht« symbolisiert. Dabei wird er versuchen, die Handbewegungen, bei denen meist mit der Faust in die Luft geschlagen wird, mit der Sprache gleichzuschalten. Die Faust wird bei Ansprachen vor allem verwandt, um die eigene Meinung entschieden zu vertreten oder Kampfbereitschaft zu demonstrieren.

Abb. 55

Eine weitere Handgeste, die bei Rednern oft beobachtet werden kann, besteht darin, die Hand zu einer Kralle zu formen. Die Hand sieht aus, als wolle sie etwas umgreifen. Sie deutet darauf hin, daß der Sprecher mit allen Mitteln versucht, die Zuhörer davon zu überzeugen, daß er die Lage im Griff hat. Die Geste kann sich aber auch auf den Versuch beziehen, sein Publikum »in den Griff zu bekommen«.

Abb. 56

Eine mindestens ebenso beeindruckende Handgeste besteht darin, mit der Handkante der einen Hand ein- oder mehrmals kräftig in die Handfläche der anderen zu schlagen. Das Schlagen mit der Handkante wird in einigen östlichen Selbstverteidigungstechniken wie beispielsweise Karate als »natürliche« Waffe eingesetzt. Das symbolische Hacken eines Redners untermauert Aussagen wie »Ich will hier nochmals nachdrücklich darauf hinweisen ...« oder »Ich sehe nicht mehr ein ...«. Oft kann man beobachten, daß die Hackbewegungen genau dann erfolgen, wenn bestimmte Worte oder Silben ausgesprochen werden. Die Lautstärke des Redners ist dabei meist ebenso beeindruckend wie seine Gestik (Abb. 56).

Im Gegensatz zum etwas gröberen Faustschlag ist der gezielte Handkantenschlag besser dazu geeignet, einen Sachverhalt entschlossen »auf den Punkt zu bringen«.

Abb. 57

Eine weitere, weltweit bekannte und häufig benutzte Entschlossenheits-Geste besteht darin, die Unterarme zu kreuzen und die Handflächen anschließend kräftig nach außen zu reißen. Die

Handbewegung, bei der die Handflächen nach unten weisen, erinnert an die Funktion einer Schere. Sie erfolgt in Gesprächen meist dann, wenn die Stimmung sich bereits aufgeheizt hat und man folglich wünscht, der Diskussion ein baldiges Ende zu bereiten.

»Genug damit!« oder »Ich will nichts mehr davon hören!« lauten in etwa die Aussagen, die hinter diesem körpersprachlichen Signal verborgen sind. Die oft explosive Bewegung der nach außen gerissenen Handflächen kann auch als deutliche Abwehrgeste interpretiert werden und als Versuch, das Gespräch im wahrsten Sinne des Wortes »abzuschneiden«.

Entspannung

So wie sich jede Form der seelischen Anspannung in der Körpersprache widerspiegelt, wird auch ein entspannter Mensch seine Gelassenheit körperlich ausdrücken. »Spannung« und »Entspannung« sind die beiden Grundpole der menschlichen Befindlichkeit. Wie wir uns jeweils fühlen, ist in starkem Maße vom Spannungszustand abhängig, wobei wir sowohl die seelische als auch die körperliche Anspannung kennen. Wenn wir von einem »verkrampften Menschen« sprechen oder jemandem, der unter Strom steht, raten, daß er lernen solle, »mal so richtig loszulassen«, so beziehen sich diese Sätze sowohl auf den körperlichen als auch auf den psychischen Zustand des Betroffenen.

Ein angespannter Mensch beißt die Zähne zusammen, er verkrampft seine Muskulatur, zieht die Schultern nach oben, sein Atem wird flach und schnell. Oft sind seelische Spannungen die Ursache für eine Reihe körperlicher Reaktionen, und diese Zusammenhänge sind im Bereich der Psychosomatik gut bekannt. Inzwischen wissen wir, daß seelische »Verkrampfungen« einige unangenehme körperliche Symptome wie beispielsweise Verdauungsbeschwerden oder Kopfschmerzen hervorrufen können. Nichtsdestotrotz ist es manchmal durchaus sinnvoll, einen leichten Spannungszustand aufrechtzuerhalten, da eine angespannte Muskulatur uns in bedrohlichen Situationen vor Angriffen von außen schützen kann. Je entspannter und gelöster wir sind, desto mehr öffnen wir uns und desto sensibler reagieren wir folglich auf äußere Reize, was natürlich nicht immer erwünscht ist.

Es ist ein verständliches und durchaus menschliches Verhalten, sich in Gesellschaft von Fremden nie ganz zu entspannen und statt dessen lieber seine Fassung zu bewahren. Und tatsächlich kann eine betont entspannte Körperhaltung andere Menschen auch stark verunsichern. Wenn Sie sich beispielsweise bei einem Vorstellungsgespräch ausgestreckt auf ein in der Zimmerecke stehendes Sofa legen würden oder bei einem ersten Besuch bei neuen Bekannten sogleich genüßlich die Füße auf dem Wohnzimmertisch plazierten, müßten Sie nicht nur mit einiger Verwunderung rechnen. Wahrscheinlich würde man Sie darüber hinaus als unverschämt oder als ausgesprochen überheblich empfinden.

Der Grund dafür, daß ältere Menschen durch Jugendliche oft verunsichert werden – beispielsweise in öffentlichen Verkehrsmitteln –, liegt weder daran, daß die jungen Menschen besonders gefährlich sind oder sich für konservatives Empfinden äußerst merkwürdig kleiden, sondern schlicht und einfach darin, daß sie oft betont entspannt und locker auftreten. Dieses Verhalten wird dann von Senioren als »Flegelei« interpretiert. Die Jugend »flegelt sich hin« und »hängt in der Gegend herum« anstatt »Haltung zu bewahren«, wie sich das schließlich gehört, heißt es beispielsweise.

Welche Merkmale helfen Ihnen nun dabei, zu erkennen, wann sich Ihr Gegenüber entspannt? Wie sehen die körpersprachlichen Anzeichen der Gelassenheit und Entspannung aus? Zum einen wird ein Mensch, der sich bei Ihnen »wie zu Hause« fühlt, sich gemütlich hinsetzen. Ferner wird er wahrscheinlich lächeln, wird die Knöpfe seiner Jacke öffnen oder die Jacke sogar ausziehen. Vielleicht wird er sich zurücklehnen, die Krawatte ein wenig lockern und ähnliche Entspannungs-Signale aussenden.

Abb. 58

Wenn Menschen sich erstmals begegnen, werden sie sich meist zurückhaltend verhalten oder auch etwas mißtrauisch sein. Ihr

Körperabstand wird relativ groß sein, wahrscheinlich halten sie die Arme und Beine verschränkt, oder sie nehmen andere Körperhaltungen ein, die ihre Unsicherheit deutlich machen (siehe »Abgrenzung«, S. 23, »Abstand«, S. 40 und »Unsicherheit«, S. 202).

Ist das Eis erst einmal gebrochen, wird sich die Haltung schnell öffnen. In Abbildung 58 sehen wir deutliche Anzeichen einsetzender Entspannung. Die beiden Personen sind einander frontal zugewandt, die Fußspitzen zeigen zueinander, und die Handflächen sind geöffnet – ein Zeichen für Offenheit und Kommunikationsbereitschaft.

Abb. 59

Wir haben bereits darauf hingewiesen, daß es gefährlich ist, körpersprachliche Zeichen allzu schnell zu deuten. Zu Beginn dieses Hauptkapitels haben wir gesehen, daß verschränkte Arme und Beine oft darauf hindeuten, daß jemand sich abzugrenzen versucht. Doch nicht immer ist das Verschränken der Arme oder Beine ein Zeichen der Abgrenzung oder Ablehnung.

Die in Abbildung 59 gezeigt Sitzweise sieht nicht nur sehr entspannt aus, sie ist es auch. Vor allem in Westeuropa und Amerika ist das Überkreuzen der Knöchel eine Möglichkeit, sich auch bei offiziellen Anlässen entspannt hinzusetzen. Im Gegensatz zum Übereinanderschlagen der Beine ist das Übereinanderschlagen der Knöchel sehr unauffällig und eine dezente Form der Entspannung.

Abb. 60

Auch wenn statt der Knöchel die Beine übereinandergeschlagen werden, so daß der Knöchel des einen Beines auf dem Oberschenkel oder Knie des anderen aufliegt, muß dies noch lange kein Abwehrsignal sein. Ist die gesamte Haltung eines Menschen, der diese Sitzstellung einnimmt, entspannt und locker, so können Sie getrost davon ausgehen, daß die Ihnen gegenübersitzende Person nicht beabsichtigt, sich vor Ihnen zu schützen. Vor allem in Westeuropa und den USA ist die abgebildete Sitzweise weit verbreitet und allgemein üblich. Im Gegensatz dazu würde es in Thailand, Singapur oder Ägypten als relativ unhöflich angesehen werden, die Beine im Sitzen übereinanderzuschlagen. In manchen Gegenden gilt dies sogar als außerordentlich beleidigend (siehe »Beleidigung«, S. 70).

Die Sitzhaltung mit übereinandergeschlagenen Beinen, die nicht nur Entspannung, sondern auch Selbstsicherheit und Selbstbewußtsein signalisiert, wird vor allem von Männern, hin und wieder auch von (insbesondere jüngeren) Frauen eingenommen.

Abb. 61

Es gibt Körperhaltungen, die nicht deutlich als Entspannungs-
haltungen zu erkennen und folglich schwer zu deuten sind.
Gerade bei gesellschaftlichen Anlässen, die unsere Aufmerksamkeit und Konzentration erfordern, ist es im Grunde nicht
möglich, sich wirklich vollkommen zu entspannen. Wer, wie die
Person in Abbildung 61, aufrecht dasitzt, signalisiert einerseits
Wachheit und Interesse, auf der anderen Seite wird aber auch
Lockerheit ausgestrahlt. Während das eine Bein entspannt über
das andere geschlagen ist und die Hände im Schoß zu ruhen
scheinen, wird den Anwesenden also einerseits Entspannung,
andererseits Aufnahmebereitschaft vermittelt. Wer jedoch
genauer hinschaut, wird entdecken, daß die untere Hand sich
am Oberschenkel festhält und sich fast ein wenig »versteckt«.
Dies würde wiederum auf eine leichte Abwehrhaltung und auf
den Wunsch, sich der Situation zu entziehen, hindeuten.

Wie Sie sehen, ist es eben immer wichtig, Körpersprache im
gesamten Zusammenhang zu deuten. Sie sollten sich also auch
folgende Fragen stellen: Was sagt der Gesichtsausdruck der Person? Wie klingt die Stimme? Ist der Sitz eher ruhig und entspannt − oder wippt das übergeschlagene Bein hin und her?
Diese und andere Faktoren tragen dazu bei, die Verfassung, in
der sich der andere befindet, richtig zu erkennen.

Entspannung und Lockerheit zeigen sich natürlich nicht nur bei
Haltungen im Stehen und Sitzen, sondern beispielsweise auch
in der Art des Gehens. Wer nichts zu befürchten hat und selbst-
sicher über die Straße spaziert, dabei womöglich noch die
Hände auf dem Rücken verschränkt und damit die empfindliche
Körpervorderseite schutzlos präsentiert, dürfte in einem relativ
entspannten Zustand sein. Diese Gehweise kann unter anderem
bei patrouillierenden Polizisten beobachtet werden, die dadurch
ihre Selbstsicherheit demonstrieren. Doch natürlich gibt es auch
viele Sonntagsspaziergänger, die entspannt durch den Park wan-

Abb. 62

deln und mit auf dem Rücken verschränkten Händen und leicht
gehobenem Kopf die Sonne genießen.

Die Handhaltung, die in Abbildung 63 zu sehen ist, stammt
ursprünglich aus dem amerikanischen Football und bedeutet
»Time-out« – Auszeit. Dabei weist die Handfläche der oberen
Hand nach unten, während die untere Hand senkrecht unter die
obere gehalten wird. Es entsteht das »T-Symbol«, das heute vor
allem in den USA, aber auch in vielen anderen Teilen der Welt
als Aufforderung gilt, eine kleine Pause zu machen. Wer das
»Time-out-Signal« benutzt, macht andere darauf aufmerksam,
daß es höchste Zeit wird, sich jetzt ein wenig zu entspannen und
die Arbeit Arbeit sein zu lassen. In dieser Hinsicht ist die Geste

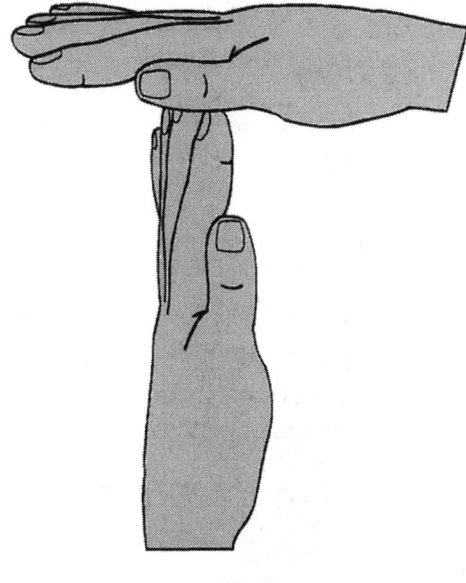

Abb. 63

eine Aufforderung zur Entspannung, aber natürlich weist sie deshalb noch lange nicht auf einen entspannten Menschen hin.

• Tip: Körpersprache bewußt einsetzen

Sicherlich gibt es Situationen, in denen Sie sich nicht gerade wohl fühlen und dazu neigen, sich ein wenig zu verkrampfen. Nehmen wir beispielsweise den Fall, daß Sie sich mit einem Menschen treffen müssen, der Ihnen unangenehm ist. Ihr bislang praktiziertes Verhaltensmuster wird Sie wahrscheinlich dazu zwingen, in Gegenwart der betreffenden Person unruhig zu werden und sich zu verspannen.

Durch bewußte Beobachtung und einige kleine Veränderungen Ihrer Körpersprache und Körperhaltung können Sie ganz direkt auf Ihre psychische Verfassung einwirken. Der Körper funktioniert nach sehr einfachen Gesetzmäßigkeiten.

So führen seelische Belastungen wie das besagte Treffen dazu, daß sich Ihre Muskulatur verspannt und Ihr Atem flach wird. Auf der anderen Seite können Sie bewußt Einfluß nehmen, indem Sie während des Gesprächs immer wieder darauf achten, sich gemütlich hinzusetzen, die Schultern und die Gesichtsmuskulatur nicht unnötigerweise zu verkrampfen, die Hände entspannt im Schoß ruhen zu lassen und die Beine bequem übereinanderzuschlagen.

Darüber hinaus können Sie auch damit experimentieren, Ihren Atem zu kontrollieren, indem Sie ihn bewußt etwas tiefer werden lassen. Am günstigsten ist es dabei, das Ausatmen ein wenig zu vertiefen und das Einatmen anschließend einfach kommen zu lassen, ohne bewußt etwas zu verändern.

Je öfter Sie solche Übungen beziehungsweise Haltungskontrollen ausführen, desto mehr werden Sie feststellen, wie sehr Ihre äußere Haltung auf Ihre innere Haltung Einfluß nimmt.

Falls Sie Probleme damit haben, sich richtig zu entspannen, kann es sehr wertvoll für Sie sein, eine Entspannungstechnik wie etwa das autogene Training oder die progressive Muskelrelaxation zu erlernen. Dabei werden Sie schon bald entdecken, wie wohltuend sich die Entspannung des Körpers auch auf die Seele auswirkt.

Erfolg

Wer einen privaten oder beruflichen Erfolg zu verbuchen hat, wird sich im allgemeinen darüber freuen. Es liegt in der Natur des Menschen, daß er auf Erreichtes stolz ist und lieber auf der Seite der Sieger als auf der der Verlierer steht. Es gibt einige

typische Erfolgs- beziehungsweise Siegesgesten, die im öffentlichen Leben vor allem bei Sportlern, aber auch bei Politikern,
die gerade eine Wahl, oder Künstlern, die einen Wettbewerb
oder Preis gewonnen haben, sowie natürlich auch bei vielen
anderen erfolgreichen Menschen zu beobachten sind.

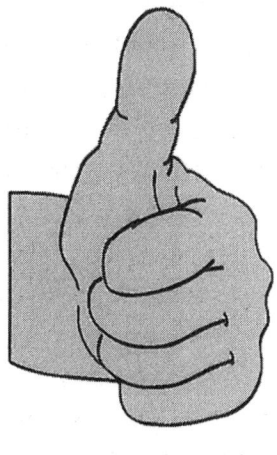

Abb. 64

Den nach unten weisenden Daumen haben wir bereits als ablehnende Geste kennengelernt (siehe »Ablehnung«, S. 34). Wie
bereits erwähnt, hing das Schicksal der Gladiatoren bei den
alten Römern in erheblichem Maße vom Wohlwollen beziehungsweise der Mißgunst der Kolosseumsbesucher ab. Waren
diese mit dem Kampf zufrieden, so deutete der nach oben
gehaltene Daumen Gnade an, was der Kämpfer durchaus als
Erfolg verbuchen konnte, da der nach unten stoßende Daumen
einem Todesurteil gleichkam. Inzwischen geht man davon aus,
daß der nach oben weisende Daumen heute nur deshalb als
Symbol für Sieg oder Erfolg gilt, weil sich bei der Übersetzung
alter lateinischer Texte Fehler eingeschlichen haben. Denn
eigentlich war es wohl weniger der nach oben gehaltene Dau-

men als vielmehr der in der Faust versteckte Daumen, der dem
Gladiator das Leben schenkte.

Wie dem auch sei – heute gilt der aufgerichtete Daumen weltweit als Signal dafür, daß alles in Ordnung ist. Je nach Zusammenhang kann diese Geste soviel wie »alles ist gut ausgegan-
gen«, »o.k.«, »es hat geklappt« oder auch »alles bestens«
bedeuten. Bei nach unten gehaltenem Daumen ist folglich das
Gegenteil eingetreten: Er symbolisiert unter anderem Mißerfolg
beziehungsweise »Pech gehabt«.

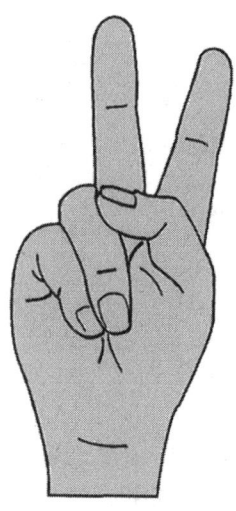

Abb. 65

Eine weitere typische Siegesgeste ist das »Victory-Zeichen«.
Dabei bilden Zeige- und Mittelfinger ein »V« für victory (engl.:
Sieg). Der Daumen ist dabei angewinkelt, und die Handinnen-
seite zeigt nach vorne. Dies ist insofern wichtig, als die gleiche
Fingerhaltung in Großbritannien als Beleidigung gilt, wenn die
Hand andersherum gehalten wird. Das »Victory-Zeichen«
wurde durch Winston Churchill bekannt, der die Geste im
Zweiten Weltkrieg öffentlich benutzte. Allmählich wurde aus

der Handhaltung ein weltweit bekanntes Symbol für »Sieg« beziehungsweise »Wir werden siegen«.

In den 70er Jahren wurde das Handzeichen zunehmend auch für »Frieden« eingesetzt, und seitdem signalisiert es nicht nur Erfolg und Sieg, sondern gilt in manchen Kreisen auch als Begrüßungsgeste.

Abb. 66

Eine oft zu beobachtende Geste des Erfolgs besteht darin, die Arme über den Kopf zu reißen. Meist bilden die Arme dabei ein »V-Zeichen«. Hier sehen wir also wieder das soeben besprochene »Victory-Symbol«, wobei der Zusammenhang eher zufällig sein dürfte. Hinter dem Hochheben der Arme, einer Körperhaltung, die schon in der Antike als Zeichen des Triumphes galt, steckt eher der Versuch, sich größer zu machen. Wer Erfolg hat, fühlt sich groß und mächtig. Er wächst über sich selbst hinaus und zeigt dies mit den nach oben gehaltenen Armen an.

Neben der abgebildeten Geste, bei der die Handflächen nach vorne zeigen und alle Finger gestreckt sind, gibt es noch eine andere Variante. Dabei werden die Hände ebenfalls über den

Kopf gehoben, doch die Hände umfassen sich, und die Handflächen werden leicht nach oben gedreht. Bei dieser Stellung wird der Brustkorb noch stärker gedehnt – auch wenn die Stellung ein wenig »aufgeblasen« wirkt, zeigt sie doch deutlich Stärke und Macht an. Aus diesem Grund sehen wir diese Siegesgeste häufig bei Boxern, aber auch bei anderen Sportlern, die damit ihren sportlichen Erfolg zum Ausdruck bringen.

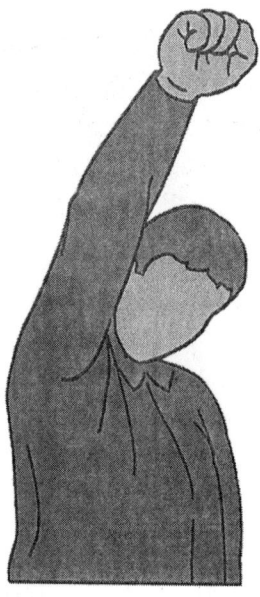

Abb. 67

Eine weitere Spielart der Sieges-Geste finden wir in den nach oben gerissenen Fäusten. Sowohl die nach oben gehaltenen Handflächen, wie sie in Abbildung 66 zu sehen sind, als auch die hochgerissenen Fäuste sind als Symbol des Erfolgs weltweit verbreitet. Dabei ist die »Faust-Variante« die aggressivere, und wenngleich sie vor allem im Sport benutzt wird, kann sie zuweilen auch bei kämpferischen oder siegessicheren Politikern beobachtet werden.

In Abbildung 67 ist die einarmige Variante der Sieges-Geste zu sehen, bei der nur ein Arm über den Kopf gestreckt wird. Dabei ist die Faust geballt und signalisiert Sieg und Überlegenheit – im Sport über den sportlichen Gegner, in der Politik über den vermeintlichen Feind.

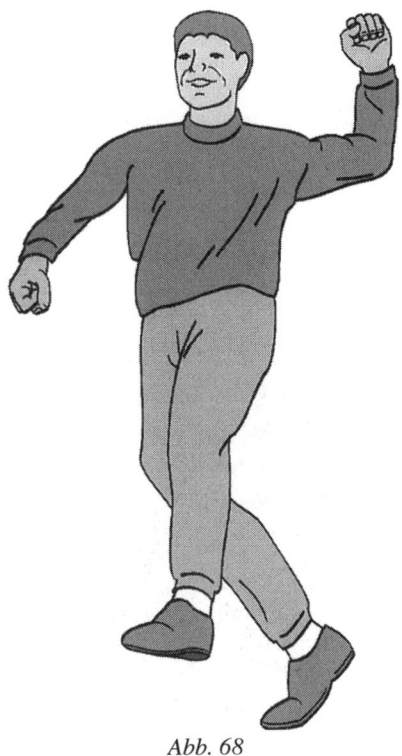

Abb. 68

Die Faust spielt also als Zeichen der Kraft und des Erfolges nicht nur beim Ausdruck von Aggressionen oder bei Beleidigungen, sondern vor allem auch im Sport eine große Rolle – durchaus nicht nur beim Boxen. Als Boris Becker 1985 17jährig überraschend das Wimbledon-Turnier gewann und in der Folge zum wohl berühmtesten deutschen Tennisspieler aller Zeiten wurde, konnte man bei den Siegespunkten immer wieder die nach vorne stoßende Faust von »Bum-Bum-Boris« bewundern. Doch natürlich ist diese Geste auch früher schon von anderen Sportlern im Augenblick ihres Erfolgs benutzt worden, wobei die Faust wie in Abbildung 68 meist in die Luft geschlagen wurde und wird.

Sowohl die statische Form der nach oben gehaltenen Faust als auch die dynamische, bei der die Faust oder Fäuste mehrmals in die Luft gestoßen werden, sind nicht nur Ausdruck des Sieges, sondern vor allem auch der ungebremsten Freude über den erlangten Erfolg (siehe »Freude«, S. 113).

Abb. 69

Eine weitere Erfolgs-Geste, die fast ausschließlich im Sport, genauer gesagt bei Mannschaftssportarten, zu sehen ist, ist in Abbildung 69 dargestellt. Dabei werden die Handflächen der beiden Spieler, die im Team gemeinsam gegen ein anderes Team angetreten sind, kräftig gegeneinander geklatscht. Mei-

stens wird diese Geste mit der jeweiligen rechten Hand ausgeführt. Wir haben sie in abgewandelter Form bereits als
Begrüßungs- oder Abschiedsgeste kennengelernt (siehe
»Begrüßung«, S. 62 und »Abschied«, S. 35), denn sie ent-
stammt ursprünglich dem »gimme-five-Zeichen« (eigentlich
»give-me-five-Zeichen«, also: gib mir die Hand), bei dem ebenfalls die offenen Handflächen aufeinandergeschlagen werden.

Da das Zusammenklatschen der beiden Hände um so publi-
kumswirksamer ist, je deutlicher es erfolgt, hat es sich inzwischen eingebürgert, diese Geste mit einem Sprung in die Luft
und hoch erhobenen Armen auszuführen, wodurch gewährlei-
stet ist, daß auch die Zuschauer auf den schlechten Plätzen das
Erfolgs-Signal noch empfangen können. Gleichzeitig verstärkt
der Luftsprung allerdings auch die ursprüngliche Bedeutung der
meisten Erfolgs-Gesten, nämlich den Versuch, sich »größer« zu
machen.

Freude

Die Freude gehört zu den fünf Grundgefühlen des Menschen,
die sich auf der ganzen Welt unabhängig von kulturellen Gegebenheiten in gleicher Weise äußern. Diese Grundgefühle, zu
denen neben der Freude auch die Trauer, die Wut, die Angst und
die Liebe zählen, werden durch körpersprachliche Signale ausgedrückt, die nicht erlernt sind. Vielmehr handelt es sich dabei
um angeborene Reaktionen auf bestimmte Reize.

Eine tiefempfundene Freude gehört zweifellos zu den am meisten beglückenden Erfahrungen im menschlichen Leben. Freude
kennt viele Abstufungen. Sie reichen von einer unscheinbaren
»leisen« Zufriedenheit bis hin zu ekstatischen Ausbrüchen. Verständlicherweise wird die Körpersprache sich dem Grad der Freude anpassen beziehungsweise diesen zum Ausdruck bringen.

Wie alle anderen Grundgefühle, so kann auch die Freude vor allem aus dem Gesicht abgelesen werden. Es gibt drei ausdrucksstarke Gesichtspartien, die sehr beweglich und zugleich unabhängig voneinander sind, so daß fast jedes intensivere Gefühl vom Gesicht ablesbar ist. Diese drei Gesichtspartien sind:
– der Stirnbereich, zu dem auch die Augenbrauen zählen
– der Augenbereich mitsamt der Muskulatur um die Nasenwurzel
– die untere Gesichtshälfte, zu der der Mund, die Wangen, die Nase und das Kinn gezählt werden.

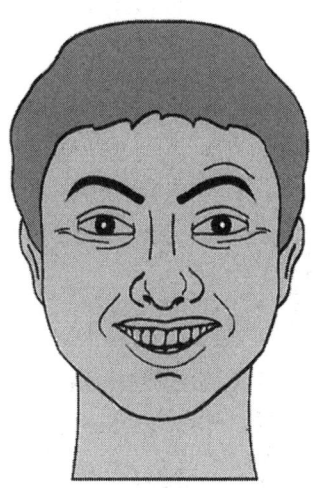

Abb. 70

Die Freude drückt sich vor allem durch das Lächeln aus. Lächeln und Lachen sind meist untrügliche Zeichen dafür, daß der betreffende Mensch glücklich und zufrieden ist. Doch Vorsicht: Es gibt auch das aufgesetzte und das bittere Lächeln, das natürlich nicht als Ausdruck der Freude anzusehen ist.

Ist die Freude echt, liegen stets mehrere körpersprachliche Faktoren vor. Zum einen werden die Mundwinkel nach außen und oben gedehnt, meist wird der Mund dabei geöffnet – es entsteht das typische Lächeln, das in seiner intensiveren Form auch die Zähne, vor allem die obere Zahnreihe, zum Vorschein bringt. Darüber hinaus lachen aber auch die Augen. Bei großer Freude strahlen sie von innen heraus, die Augen verengen sich, und es bilden sich die typischen Lachfältchen am Außenbereich der Augenwinkel. Zusätzlich werden auch die Wangen nach oben gehoben.

Abb. 71

Ein Mensch, der Freude und Heiterkeit ausstrahlt, wird dies natürlich nicht nur durch sein Gesicht, sondern auch durch seine Körperhaltung zum Ausdruck bringen. So wird die Haltung aufrecht sein, die Schultern sind entspannt, der Blick ist offen nach vorne gerichtet, und die entspannte Seelenstimmung wird sich nicht zuletzt auch in einer entspannten Muskulatur ausdrücken. Das Gefühl der Freude ist oft ansteckend und bildet eine gute Grundlage für jede Art der Kommunikation. Menschen, die Freude im Herzen tragen, werden sich anderen gegenüber öffnen, indem sie unter anderem mit offenen Handflächen gestikulieren. Sie haben es nicht nötig, Schutz- und Abwehrhaltungen aufzubauen, und als untrügliches Zeichen ihrer inneren Freude tragen sie stets ein Lächeln auf den Lippen.

Abb. 72

Freude kann sich auch in typischen Bewegungen oder Gesten ausdrücken. Im Abschnitt über Erfolg haben wir ja bereits über die in die Luft gerissenen Arme gesprochen, die ja letztlich ebenfalls Ausdruck der Freude sind. Wer sich auf ein schönes Ereignis oder auch nur auf ein gutes Essen freut, wer das Erfreuliche also nicht hinter sich, sondern noch vor sich hat, wird dies oft durch eine weitverbreitete Geste andeuten. Dabei führen die Hände eine »Waschbewegung« aus, indem beide

Handflächen aneinandergerieben werden. Individuelle Unterschiede entscheiden darüber, ob die Hände dabei schnell oder langsam gerieben werden und ob sie frontale oder kreisförmige Bewegungen ausführen. Freut sich jemand zum Beispiel auf die erste Fahrt mit dem neuerworbenen Auto, so wird er als Signal seiner Vorfreude in die Hände klatschen und die Handflächen anschließend in der beschriebenen Weise aneinanderreiben.

Doch wie so oft, kann ein und dieselbe Geste je nach Land ganz unterschiedliche Bedeutungen haben. So ist das Aneinanderreiben der Handflächen in Saudi-Arabien Ausdruck des Bedauerns und des Mitleids, während Südamerikaner durch das mehrmalige frontale Aneinanderreiben der Hände auf lesbische Frauen hinweisen.

> • **Tip: Körpersprache bewußt einsetzen**
> Sie können sich die Tatsache, daß Sie Ihre Stimmung durch bewußten Einsatz der Körperhaltung und Mimik zu verändern vermögen, jederzeit zunutze machen. Indem Sie körpersprachliche Signale verwenden, die durch Freude ausgelöst werden, können Sie sich tatsächlich in einen positiven Zustand versetzen.
>
> Versuchen Sie immer wieder einmal, mit Ihrer Körperhaltung und Ihrem Gesichtsausdruck zu experimentieren. Wie fühlt es sich an, wenn Sie sich im Spiegel anlächeln? Können Sie einem zunächst etwas künstlich wirkenden Lächeln mehr Wirkung verleihen, indem Sie auch mit den Augen lachen, sich aufrecht hinstellen und die Schultern entspannen? Auch wenn es Ihnen zunächst so vorkommt, als würden Sie nur schauspielern, werden Sie schnell bemerken, daß eine veränderte Körperhaltung und ein heiterer Gesichtsausdruck eine neue innere Haltung hervorrufen können. Es versteht sich von selbst, daß eine Haltung der

> Freude und Offenheit nur dadurch als neues, einprogram-
> miertes Muster abgespeichert werden kann, wenn Sie nicht
> nur einmal, sondern regelmäßig mit den angesprochenen
> Methoden experimentieren und die neue Haltung regelrecht
> einüben.

Interesse

Wer kennt es nicht, das erregende Gefühl, wirklich etwas Inter-
essantes entdeckt zu haben, das unsere Gedanken beflügelt,
oder festzustellen, daß wir oder unsere Meinungen andere inter-
essieren? Deshalb wenden wir uns mit Freude den interessan-
ten Dingen des Lebens zu – was wir übrigens tatsächlich buchstäblich tun, denn in die Richtung des uns Interessierenden zeigen wir unbewußt ein körpersprachliches Signal, das wir mit
dem ganzen Körper oder einem seiner Teile wie Kopf, Rumpf,
den Augen oder den Füßen aussenden.

Abb. 73

Die »Zuwendung«, die Menschen einander entgegenbringen, spiegelt auch direkt die Sympathie beziehungsweise das Interesse wider, das sie füreinander empfinden. In der Abbildung haben sich beide Gesprächspartner aufeinander eingestellt, wobei seine gekreuzten Beine noch auf leichte Verhaltenheit schließen lassen. Sowohl der Mann als auch die Frau sind in diesem Fall gleichberechtigt und nähern sich auf derselben Ebene; die Kommunikation verläuft gleichermaßen in beide Richtungen.

Abb. 74

Als ein Zeichen ungeteilter Aufmerksamkeit kann das Nach-vorne-Neigen des Oberkörpers betrachtet werden. Oftmals sieht man diese Körperhaltung bei Dialogen zwischen nicht gleichberechtigten Personen, wie beispielsweise dem Vertreter und sei-

nem potentiellen Kunden oder auch zwischen dem hoffnungslos
verliebten Verehrer und seiner unterkühlten Angebeteten. Der
Untergebene oder Unterlegene signalisiert durch seine Haltung
sein starkes Interesse an der dominanten Person, die im Gegensatz zu ihm meist eine entspannte Haltung einnimmt und sich
zurücklehnt.

Ob Ihnen die volle Aufmerksamkeit oder nur mildes Interesse
entgegengebracht wird, können Sie aber auch recht gut an der
Kopfhaltung Ihres Gegenübers erkennen. Während unmißverständliche Zeichen wie Gähnen, Am-Auge-Reiben oder gelang-
weilte Blicke in andere Richtungen wahrscheinlich jedem sofort
klarmachen, daß es höchste Zeit für einen Themenwechsel ist,
ermuntert es uns zum Weitermachen, wenn der andere sich zu
uns hin wendet. Relativ neutrales, aber doch vorhandenes mildes Interesse demonstriert dabei ein leicht angehobener Kopf.

Abb. 75

Sein volles Interesse zeigt der Gesprächspartner, wenn er den Kopf leicht zu einer Seite geneigt hält, und auch ein leicht geöffneter Mund ist ein untrüglicher Hinweis dafür. Beide Haltungen dienen dazu, besser hören zu können, und zeigen, daß uns volles Gehör geschenkt wird.

Wenn wir beurteilen wollen, wie uns andere Menschen wahrnehmen, ist ein Blick in ihre Augen sehr hilfreich, die uns, wenn auch unfreiwillig, eine Menge erzählen können. Blicken wir zum Beispiel in geweitete Pupillen, so kann dies als ein Zeichen der Sympathie gelten, da die Pupillen sich beim Anblick angenehmer oder faszinierender Dinge weiten. Zu beachten ist hierbei natürlich, daß sich die Pupillen immer den Lichtverhältnissen anpassen und im Dunkeln naturgemäß weiten. Ein zweites Augenmerk sollte dem Lidschlag gelten, der sich mit wachsendem Interesse meist erhöht.

Im Gegensatz zu diesem positiven Feedback haben wir, wenn wir während eines Gesprächs plötzlich unsicher innehalten und uns fragen, ob das, was wir gerade erzählen, unseren Gesprächspartner überhaupt interessiert, aller Wahrscheinlichkeit nach unbewußt Signale des Desinteresses (siehe »Langeweile«, S. 130) erkannt und entsprechend darauf reagiert. Vielleicht hat unser Gegenüber ein Signal ausgesendet, das sich oftmals beobachten läßt, wenn jemand voll und ganz von einer bestimmten Sache beansprucht ist, die in diesem Fall nicht das Gespräch mit uns ist.

In Phasen angespannter Konzentration geschieht es manchmal, daß die Zungenspitze ein bißchen aus dem Mund herausgestreckt wird. Manche Wissenschaftler leiten dieses Verhalten von einer kindlichen Reaktion ab: Wenn Kleinkinder satt sind, weisen sie so weitere Nahrung zurück. Analog zur Nahrungsverweigerung findet hier eine Kontaktverweigerung statt. Diese

Abb. 76

Zurückweisung signalisiert, daß zu dem gegenwärtigen Zeitpunkt eine Störung unerwünscht ist.

• Tip: Körpersprache bewußt einsetzen
  Achten Sie darauf, in Ihren Begegnungen mit anderen echtes Interesse zu zeigen. Abgesehen davon, daß es unhöflich ist, seine Gleichgültigkeit deutlich zur Schau zu stellen, ist es auch reine Zeitverschwendung, nur halb bei der Sache und gedanklich schon ganz woanders zu sein. Schenken Sie Ihrem Gesprächspartner für die Dauer der Zeit, die Sie ihm/ihr widmen, auch Ihre ungeteilte Aufmerksamkeit. Sie werden dann feststellen können, daß Ihre Begegnungen dadurch an Tiefe gewinnen und alle zufriedener zurücklas-

sen. Vermeiden Sie im Gegenzug dazu nach Möglichkeit jede halbherzige Begegnung. Indem Sie bewußt positive Zeichen setzen, mit denen Sie Ihr Interesse bekunden (siehe auch »Nachahmung«, S. 150), schaffen Sie insbesondere beim Kennenlernen neuer Personen die Voraussetzung für einen unkomplizierten Austausch und ebnen anderen den Weg, sich Ihnen zu öffnen und auf Sie zuzugehen.

Konzentration

Wenn es darum geht, geistig anspruchsvolle Tätigkeiten zu verrichten oder schwierige Sachverhalte zu durchdringen, ist es nötig, die Aufmerksamkeit von der Außenwelt abzuziehen und nach innen zu richten. So einen zielgerichteten Zustand erreicht man durch Konzentration, also durch die Sammlung auf einen Gedanken. Gleichzeitig müssen zerstreuende Einflüsse von außen so gut wie möglich vermieden werden – eine Bedingung, die auch unser Körper durch seine Haltung nach außen hin zeigt. Achten wir auf jemanden, der angestrengt nachdenkt, so läßt sich oft bemerken, daß er seine Augen zusammenkneift oder den Mund ein wenig fester geschlossen hält als sonst. Beide Aktionen spiegeln eine natürliche Filterung und Abgrenzung von den ihn umgebenden Reizen wider, denn der Blick läßt weniger Ablenkung zu, und der Mundschluß demonstriert eindeutig, daß man im Moment nicht in der Lage ist zu sprechen, da man nachdenken muß. Im Zustand der Konzentration sind wir nicht bereit, Störungen durch andere Personen hinzunehmen, was körpersprachlich auch signalisiert wird (siehe auch Abb. 76 unter »Interesse«, S. 122).
Eine weltweit sofort verstandene Haltung ist die Denkerpose, bei der schützend beide Hände vorgehalten werden und sich die

Abb. 77

Fingerkuppen berühren. Diese Position schirmt uns durch die gebildete Barriere einerseits nach außen hin ab und erleichtert andererseits die Konzentrationsfähigkeit durch die gebetsartige symmetrische Haltung. Oftmals wird diese Handstellung noch dadurch ergänzt, daß die Zeigefinger die Lippen berühren, wodurch ein symbolischer Mundschluß stattfindet.

Jedem ist das Streichen eines imaginären Bartes bekannt, das wesentlich häufiger bei Männern als bei Frauen zu beobachten ist. Während diese Handbewegung in Nordamerika und der westlichen Welt in erster Linie ein Zeichen für angestrengtes Nachdenken ist, kann sie in Italien und den Niederlanden aber auch bedeuten, daß jemand der Meinung ist, ein anderer sei krank. Für die richtige Auslegung ist es hilfreich, die Blickrichtung herauszufinden. Bei nachdenklichen Personen ist der Blick

Abb. 78

in der Regel nach unten gerichtet. Im ehemaligen Jugoslawien symbolisierte diese Aktion auch ein erfolgreich abgeschlossenes Unternehmen (Abb. 78).

Abb. 79

In der Regel verstehen wir unter Konzentration eine äußerliche Passivität, die mit einer gesteigerten inneren Aktivität einhergeht. Durch den Einsatz unserer Gestik sind wir aber auch in der Lage, die Konzentration auf uns zu lenken und die Aufmerksamkeit anderer gezielt auf einzelne Sachverhalte zu richten.

Geste 79 kann häufig gesehen werden, wenn ein Redner versucht, seinem Publikum klarzumachen, daß er jetzt etwas auf den Punkt bringen will. Sie zeigt den »Präzisionsgriff« eines Feinmechanikers oder Uhrmachers, mit dem er selbst kleinste Teile mit höchstmöglicher Genauigkeit anordnen und bearbeiten kann. Dem Zuhörer wird durch diese Exaktheitsgeste ein Eindruck von Gewissenhaftigkeit und Souveränität vermittelt, wodurch auf einzelne Inhalte besonders eindringlich hingewiesen werden kann.

Kritik

Jeder kennt sie, keiner mag sie – denn zumeist sind es negative Gefühle, die wir mit dem Begriff Kritik in Verbindung bringen. Dabei darf nicht vergessen werden, daß ebenso wie der Tadel auch das Lob als Kritik zu verstehen ist. Noch viel bedeutsamer ist jedoch, daß wir durch Kritik von unserem Umfeld wichtige Rückmeldungen bezüglich unserer Aktionen erhalten und damit die Möglichkeit haben, unser Verhalten zugunsten eines reibungslosen Zusammenlebens an die jeweiligen Bedingungen anzupassen beziehungsweise zu verändern. So selbstverständlich wie für Sie der allmorgendliche Blick in den Spiegel ist, um Ihr Aussehen zu kontrollieren, sollten Sie auch von dem Blick in den zwischenmenschlichen Spiegel der Kritik Gebrauch machen und ihn als wertvolles Instrument der Persönlichkeitsentwicklung betrachten.

Der Grund, weshalb wir im allgemeinen schlecht mit negativer Kritik umgehen können, liegt darin, daß wir uns persönlich angegriffen fühlen, weil unser Ego verletzt wird. Um zu einem gemeinsamen, konstruktiven Umgang zu finden, ist es deshalb wichtig zu lernen, wie wir mit Beanstandungen umgehen und wie wir selbst andere kritisieren sollten, wenn es erforderlich ist. Unser Körper verfügt sowohl über »kriegerische« Signale des Angriffs und der Abwehr als auch über Zeichen der Offenheit und Besänftigung. Es liegt nahe, daß der Gebrauch kriegerischer Gesten Konfliktsituationen eher fördert als entschärft – doch da uns ja die Freiheit der Entscheidung gegeben ist, können wir durch unsere Körperhaltung etwas dazu beitragen, daß aus einem kritischen Angriff ein hilfreicher Hinweis wird, der wohlwollend und nicht verletzend wirkt.

• Tip: Körpersprache bewußt einsetzen
Austeilen will gelernt sein. Wollen Sie an jemandem Kritik üben, so sollten Sie die folgenden Punkte unbedingt beachten, um Ihr Verhältnis zu der betreffenden Person nicht zu trüben und sie nicht zu verletzen.

– Nehmen Sie eine aufrechte Haltung ein, und seien Sie auch innerlich aufrichtig. Suchen Sie den Blickkontakt, und öffnen Sie sich, indem Sie sich der Person zuwenden.

– Achten Sie darauf, eine offene Körperhaltung einzunehmen, indem Sie die Handflächen, Arme und Beine öffnen.

– Vermeiden Sie verschränkte Gliedmaßen, denn sie wirken wie eine Barriere.

– Warten Sie den richtigen Zeitpunkt ab, sprechen Sie nicht verletzend, und reagieren Sie intuitiv und einfühlsam auf den anderen, denn Sie wollen ihm schließlich keinen Schlag versetzen, sondern ihm helfen.

In der Regel entwickeln sich Konflikte von ersten unbewußten, kritischen Körperhaltungen über laut ausgesprochene Anschuldigungen bis zu Drohungen, die im Extremfall in Gewalthandlungen enden können. Es ist darum wichtig, bereits die ersten Anzeichen zu erkennen und frühzeitig darauf zu reagieren.

Abb. 80

Ein erstes Anzeichen auf eine verdeckte Meinungsverschiedenheit oder auf Mißfallen können Sie an dem gesenkten Kopf Ihres Gesprächspartners erkennen. Diese scheinbar zufällig eingenommene Kopfhaltung verrät einen stillen Protest, der jedoch meist nicht laut geäußert wird, weil der/die Betreffende Sie nicht verletzen will oder noch nicht »offiziell« reagieren möchte.

Abb. 81

Wesentlich deutlicher und allgemeinverständlich ist das Abwin-
ken mit der Hand, das eindeutig sagt: »Nein, das stimmt nicht!«
beziehungsweise »Nein, so nicht!«

Abb. 82

Einen Schlag unter die Gürtellinie bilden alle geringschätzigen
und verachtenden Gesten, wie das Heben der Augenbrauen und
das gleichzeitige Rollen der Augen, bei dem das Weiß des

Auges deutlich zu sehen ist. Die verbale Aussage eines solchen genervten Blickes ist: »Jetzt geht das schon wieder los« oder »Das glaubst du doch wohl selber nicht.«

Ein solches Verhalten trägt sicherlich nicht zur Lösung von Konfliktsituationen bei und sollte aus diesem Grund auch möglichst vermieden werden.

Langeweile

Langeweile – ein unerquickliches, ermüdendes Gefühl, das uns ständig daran denken läßt, daß es just in diesem Moment eigentlich so viele andere Dinge gäbe, die uns viel mehr Spaß bereiten würden, als genau das zu tun, was wir gerade machen. Man trifft sie häufig auf Partys an, auf denen die Gäste so fade sind wie der Nudelsalat, oder sie begegnet einem in Form eines redseligen Bekannten, den man ungefähr sosehr vermißt hat wie ein Magengeschwür. Fast zwangsläufig stellt sie sich auch ungebeten in Vortragssälen oder während des Fernsehprogramms ein. So vielfältig wie die Situationen, in denen uns die Zeit lang wird, sind auch die Anzeichen, mit denen unser Körper darauf reagiert.

Nehmen wir einmal an, Sie gehörten zu den wenig beneidenswerten Zeitgenossen, deren Aufgabe es ist, an einem herrlichen Sommertag am späten Nachmittag vor einer Horde Studenten einen Vortrag über frühmittelalterliche Buchbindekunst zu halten, während die Fenster des Saals den Blick auf den Stadtpark mit seinem idyllischen Biergarten freigeben. Man kann in so einer Situation mit an Sicherheit grenzender Wahrscheinlichkeit beobachten, daß dem einen oder anderen Studiosus die Vorlesung ein wenig lang vorkommt, was er mittels seiner unwillkürlichen Handlungen auch deutlich mitteilen wird.

Während der eine aus dem Fenster schaut, reibt sich ein anderer die Augen, spielt mit dem Schreibgerät, zupft an der Kleidung herum oder blickt einfach dumpf mit einem schiefen Grinsen ins Nichts.

Aufgrund des schlafartigen Zustands unseres Geistes bemüht sich auch der Körper, eine solche Haltung einzunehmen, und verfällt zusehends in die Haltlosigkeit.

Abb. 83

Um sich die unerwünschte Situation vom Leib zu halten, bildet er mit Hilfe der verschränkten Arme und Beine eine geschlossene Stellung und lehnt sich gelassen zurück. Ist auch ein Tisch zugegen, so wird er gerne dazu benutzt, seinem Unmut durch ungeduldiges Fingertrommeln Luft zu machen: eine demonstrativ unhöfliche Geste.

Abb. 84

Häufig sieht man auch rastlose Bewegungen der Füße, die in einem solchen Fall gerne auf und ab wippen. Diese Bewegung ist ein Relikt des Fluchtverhaltens, denn eigentlich würden wir lieber fortlaufen als auszuharren; hierbei handelt es sich um die etwas dezentere und weitaus höflichere Variante des Fingerspitzengetrommels.

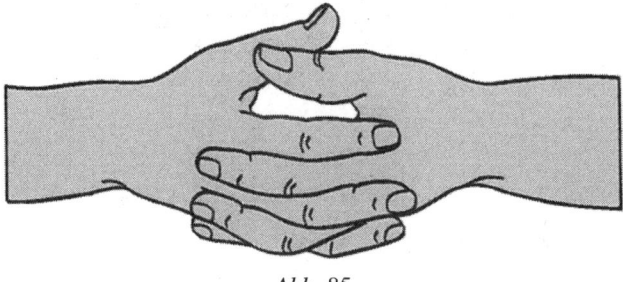

Abb. 85

Geradezu ein Sinnbild frustrierender Langeweile ist das sehr weit verbreitete Daumendrehen der gefalteten Hände. Ähnlich wie beim rastlosen Auf- und Abgehen während langer Wartezeiten wird versucht, Bewegung in eine Situation zu bringen, in der man zum Stillhalten verdammt ist.

Abb. 86

Diese weltweit verbreitete Haltung sieht man immer dann, wenn zumindest noch der Versuch gemacht wird, dem Gesprochenen aufmerksam zu folgen, aber sie verbirgt die offensichtliche Langeweile auch nicht.

• Tip: Körpersprache bewußt einsetzen

Versuchen Sie, aus der unliebsamen Situation das Beste zu machen, und nehmen Sie bewußt eine aufrechte und dem Geschehen zugewandte Körperhaltung ein, denn Sie können durch diese »Wachhaltung« Ihren Körper und Geist dazu überlisten, aktiver teilzunehmen.

Sollten unglücklicherweise Sie der Verursacher soeben besprochener Körpersignale sein, sollten Sie bereits bei den ersten Anzeichen erhöhter Unaufmerksamkeit (siehe auch »Unaufmerksamkeit«, S. 196) versuchen, Ihre Rede inhaltlich sowie durch den gezielten Einsatz unterstützender Gesten abwechslungsreicher und damit interessanter zu gestalten.

Lüge

Die Unwahrheit zu sagen wird im allgemeinen als recht verwerfliche Tat angesehen, ist jedoch in manchen Situationen eher hilfreich und hat somit durchaus ihre gesellschaftliche Berechtigung. Diese Aussage mag auf den ersten Blick ethisch nicht ganz einwandfrei erscheinen. Was gemeint ist, wird jedoch klar, wenn Sie sich vorstellen, Sie beobachteten ein geselliges Gartenfest. Der Gastgeber widmet allen Gästen einen Teil seiner Zeit, unterhält sich ein wenig mit Ihnen und fragt, ob alles in Ordnung sei und Sie sich wohl fühlen. Es wäre ziemlich unvorstellbar, daß ein Gast, dem beispielsweise das Essen, die Getränke, seine Mitgäste oder irgend etwas anderes nicht behagt, sein Mißfallen kundtun und damit den Gastgeber beleidigen würde. Abgesehen von diesen gesellschaftlich tolerierten und auch erwarteten Lügen, fühlen wir uns, wenn wir belogen werden, aber zumeist betrogen und gekränkt.

Wer nicht über eine außergewöhnlich gute Menschenkenntnis verfügt, kann nur sehr schwer zwischen Lüge und Wahrheit unterscheiden, wenn er das Pech hat, auf einen »professionellen« Lügner zu treffen. Da den Worten in dieser Hinsicht keine Bedeutung geschenkt werden darf, ist es wichtig zu beobachten, ob die Körpersprache mit der verbalen Aussage übereinstimmt oder nicht. Bei der Beurteilung, ob jemand lügt oder die Wahrheit sagt, wiegen wissenschaftlichen Untersuchungen zufolge Körpersignale fünfmal schwerer als das gesprochene Wort. Nachfolgend sind die einzelnen körpersprachlichen Reaktionen in der Reihenfolge ihrer Aussagekraft aufgelistet, d.h. zuerst diejenigen Reaktionen mit wenig und am Ende die mit der meisten Aussagekraft:

– Gesichtsausdrücke
– absichtliche Handlungen
– Gestik
– Selbstberührungen
– Bein- und Fußaktionen
– Blickkontakte
– Reaktionen des autonomen Nervensystems

Im Regelfall haben wir unsere Gesichtsmuskulatur sehr gut unter Kontrolle, weshalb die Deutung von Gesichtsausdrücken zur Entlarvung von Lügen nicht viel beiträgt. Berufsspieler haben längst gelernt, ihre Körpersignale zu maskieren, und setzen am Spieltisch das berüchtigte Pokerface auf, während andere geübte Lügner absolut vertrauenswürdig glücklich oder traurig dreinblicken können. In einem Test, bei dem die Versuchspersonen nur über das Gesicht den Wahrheitsgehalt einer Aussage herausfinden sollten, war ihre Beurteilung öfter falsch als richtig.

Ein paar Merkmale der Mimik, die sich der bewußten Steuerung entziehen, deuten allerdings auf verborgene Emotionen oder einen Schwindel hin:

1. Bestimmte flüchtige Gesichtsausdrücke, die kürzer als eine fünftel Sekunde dauern und nur unbewußt wahrgenommen werden. Sie verursachen, daß wir aus scheinbar unbestimmten Gründen gegenüber der Person mit diesem Ausdruck ein unbehagliches Gefühl entwickeln.
2. Unterdrückte Gesichtsausdrücke, die nur zu Beginn einer Reaktion auftreten und dann sofort ersetzt werden.
3. Die Stellung der Augenbrauen in der Gesichtsmitte. Leicht gehoben bei gleichzeitigem Auftreten von Falten auf der Stirn signalisieren sie Traurigkeit, Sorge oder Angst, während das Senken der Augenbrauen und enge Lippen auf Ärger hinweisen.

Weit verbreitet ist auch der Betrug durch falsches Lachen, das Sie anhand einiger Merkmale von einem echten, herzlichen Lachen unterscheiden können. Ein falsches Lachen kann im Verhältnis zu seiner Ursache:
– nicht die passende Intensität haben
– zu langsam oder zu schnell anschwellen und wieder abklingen
– oder nicht die richtige Dauer haben.
Zudem erkennt man es auch daran, daß es:
– asymmetrisch beziehungsweise schief ist
– nicht das ganze Gesicht mit einbezieht; d.h. die Augen lachen nicht mit.

Absichtliche Handlungen wie Kopfnicken oder -schütteln sind aufgrund ihrer geplanten Entstehung wenig aussagekräftig, wenn es um die Lüge geht, während die Gestik schon mehr Rückschlüsse zuläßt. Das Zeigen der offenen Handflächen gilt beispielsweise als Bezeugung für Ehrlichkeit und kann unter anderem beim Treueschwur auf die Bibel in US-amerikanischen Gerichtssälen beobachtet werden. Auch Politiker versuchen durch das Zeigen der Handflächen ihre guten Absichten zu unterstreichen. Im Falle der Lüge wird diese Handgeste eher vermieden; die Hände landen demzufolge in der Hosentasche oder werden verschränkt. Kleine Kinder, die schwindeln, wenn sie gefragt werden: »Hast du davon genascht?«, verbergen schnell ihre Hände hinter dem Rücken.

Abb. 87

Eine noch deutlichere Sprache sprechen Selbstberührungen. Oftmals verraten sich unaufrichtige Worte durch kleine Berührungen der Kopfregion, wie an Mund, Ohr, Auge oder Nacken, ganz so, als wolle man die Unwahrheit nicht sagen, sehen oder hören. Eine Möglichkeit ist, den Mund zu verbergen, dabei die Nase zu berühren oder so zu tun, als würde man sich kratzen, wobei die Kratzbewegung eher schwach und wenig zielgerichtet ausfällt.

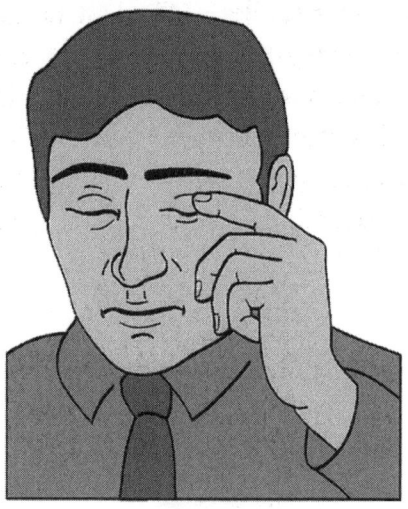

Abb. 88

Wenn Ihnen jemand nicht in die Augen sehen will, während er Ihnen einen Bären aufbindet, so bedient er sich je nach Geschlecht einer von zwei Möglichkeiten. Männer reiben sich kräftig ein Auge, während sie das andere geschlossen halten, und Frauen massieren sich analog dazu unterhalb eines Augenlids, während das zweite Auge nach oben blickt.

Fuß- und Beinbewegungen scheinen unsere Absichten weniger gut zu verbergen als die Hände oder das Gesicht, weil nicht so stark auf sie geachtet wird. So verrät beispielsweise eine Frau durch das Aneinanderreiben ihrer Beine, eine Geste erotischer Selbstberührung, mehr Interesse, als sie verbal zugeben mag, während der Mann durch ein angedeutetes Fortlaufen sein nicht mehr vorhandenes Interesse bekundet (siehe auch »Langeweile«, S. 130).

Zu den sichersten Zeichen, daß jemand nicht durchschaut werden will, gehört es, wenn der Blickkontakt gemieden wird und Blicke in die Augen kürzer als normal dauern. Als nahezu untrügliches Zeichen können Sie es werten, wenn dem oder der

Betreffenden die Schamesröte ins Gesicht steigt – eine Reaktion des autonomen Nervensystems, das sich unserer Kontrolle entzieht und völlig selbständig reagiert. Diesen Umstand machen sich auch Lügendetektoren zunutze, die Veränderungen in der Schweißausschüttung, dem Hautwiderstand, der Durchblutung usw. messen und dadurch Lügner entlarven können.

Abb. 89

Sollte andererseits ein Zweifler glauben, von Ihnen genasführt zu werden, so könnte er es Ihnen durch das Herabziehen eines Augenlids verdeutlichen, einer sehr alten und überwiegend im europäischen Raum beheimateten Geste, die ein Auge vergrößert zur Schau stellt. Dieser Mann ist auf der Hut und hält die Augen offen.

Männliche Flirtsignale

Angeblich denken Männer durchschnittlich alle fünf Minuten an Sex. Inwieweit diese Aussage zutreffen mag, kann jeder

Mann sicherlich nur für sich beantworten, aber es steht außer Frage, daß Erotik, Flirt und Partnerschaft – kurz, das Interesse am anderen Geschlecht – eine zentrale Rolle in unserem Denken einnimmt. Es gibt wohl kaum aufregendere Momente als einen prickelnden Flirt, bei dem uns das Herz bis zum Hals klopft. So unvorhersehbar wie die Situationen, auf die wir dabei treffen, so vielseitig sind auch die Strategien, mit denen wir versuchen, bei solchen Begegnungen erfolgreich zu bestehen. Daß wir uns dabei mit unterschiedlichem Geschick bemühen, ist kein Geheimnis, denn es ist offensichtlich, daß es einigen wesentlich leichter zu gelingen scheint, das »Objekt der Begierde« in den Bann zu ziehen, als anderen.

Während es vielen Männern sehr schwerfällt, auch nur einen ersten Kontakt zu einer Frau herzustellen, finden die »Frauentypen« mit offensichtlich spielerischer Leichtigkeit sofort Anschluß an die Frauenwelt. Erstaunlich ist dabei, daß es sich gar nicht mal um besonders gutaussehende, toll gekleidete oder sehr wohlhabende Exemplare der Gattung Mann handeln muß, sondern offenbar ganz andere Gesetze den Ausschlag für die Gunst der Damen geben – und zwar die Gesetze der nonverbalen Kommunikation. Frauenlieblinge signalisieren dem anderen Geschlecht unmißverständlich, daß sie attraktiv, männlich, noch zu haben sind und für die Bedürfnisse einer Frau vollstes Verständnis haben.

Wissenschaftlichen Untersuchungen zufolge stellen sich Männer allerdings deutlich ungeschickter dabei an, wenn es darum geht, einer Frau ihr Interesse zu zeigen oder die darauf antwortenden Körpersignale richtig zu lesen.

Ähnlich wie im Tierreich, wo die Männchen mit Farbenpracht, Stärke oder Imponiergehabe um die Weibchen werben, spielt sich auch das »Balzverhalten« der Männer ab, denn die ersten Anzeichen für das erweckte männliche Interesse sind

Gesten, die im weitesten Sinn das Herausputzen und die Zurschaustellung der eigenen Qualitäten demonstrieren. Der größte Teil männlicher Flirtsignale läßt sich auf solche Verhaltensmuster zurückführen, wobei in manchen Fällen einige auch Verlegenheitsgesten oder schlicht gewohnheitsmäßig ausgeübte Bewegungsabläufe sein können.

Abb. 90

Die Haare werden mit einer Hand glattgestrichen, während der Blick interessiert auf der Flirtpartnerin ruht. Hier wird einerseits Körperpflege symbolisiert, andererseits, durch das Streicheln des eigenen Kopfes, der Wunsch nach Berührung offenbar – eine Geste, die übrigens gleichermaßen auch auf das weibliche Flirtverhalten zutrifft. Ist der Blick eher abgewandt, kann es sich auch um Gewohnheit oder Verlegenheit handeln.

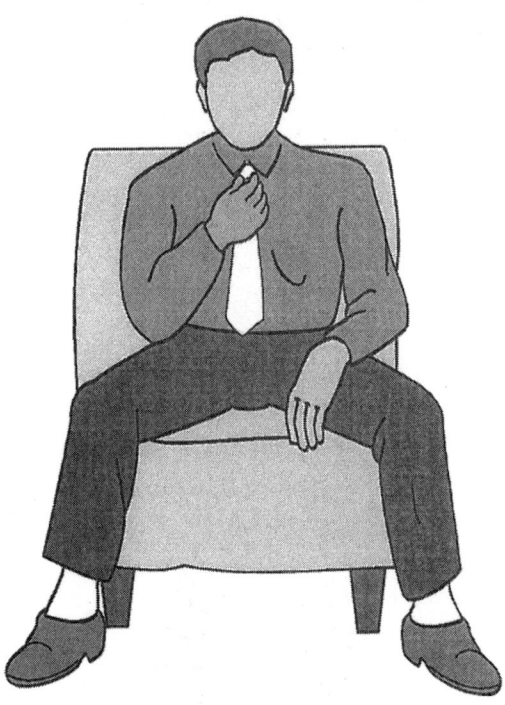

Abb. 91

Sehr oft werden Kleidungsstücke zum Ziel »verschönernder« Handlungen. Die Krawatte wird zurechtgerückt, ein unsichtbarer Fussel von der Schulter gewischt, ein Ärmel glattgestrichen oder der Hemdkragen ordentlich gelegt. Wie auch beim ersten Beispiel ist es hier natürlich genausogut möglich, daß die Unsicherheit Ursache des Treibens ist.

Abgesehen davon gibt es noch eine Reihe von Verhaltensweisen, mit denen Mann auf sich aufmerksam macht. Es ist die typisch männliche Art, sich breitbeinig und unübersehbar im Raum zu positionieren – ein Bild, das bestens aus Wildwestfilmen bekannt ist. In dieser »John-Wayne-Pose« blickt er sein »Opfer« geradewegs an, hat beide Hände in die Hüften gestützt oder die Daumen in den Hosenbund gesteckt.

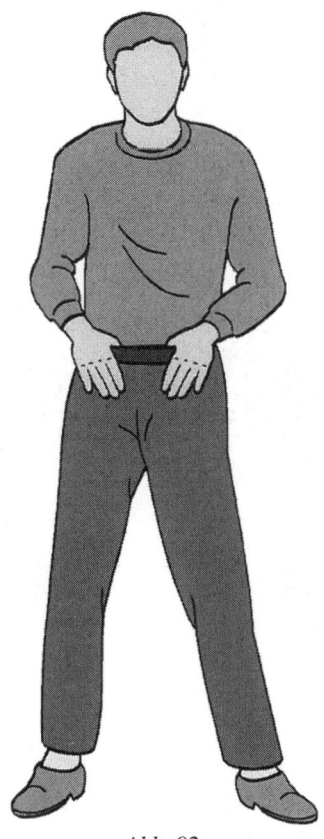

Abb. 92

Mit dieser imponierenden Körperhaltung, bei der die Finger auf den Genitalbereich zeigen, ist eine unterschwellig aggressive Botschaft verbunden. Der Frau wird unmißverständlich suggeriert, daß er eine sexuelle Gefahr darstellt, wenn sie es zuläßt, mit ihm allein zu sein.

Oftmals und überdies völlig frei von Flirtgedanken setzen die Herren der Schöpfung sich auf diese Weise auch mehr ins Zentrum des Geschehens, wenn sie in Aufbruchstimmung sind und sich von den Gästen beziehungsweise dem Gastgeber verabschieden wollen.

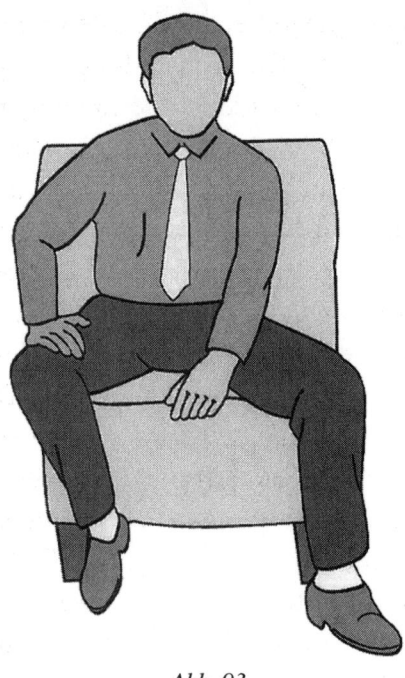

Abb. 93

Hierbei handelt es sich um das sitzende Gegenstück zur vorangegangenen Pose, bei der der Mann breitbeinig auf einem Stuhl oder Sessel Platz genommen hat und auf ähnliche Weise den Genitalbereich hervorhebt. In dieser Position nimmt er der Dame gegenüber eine Haltung ein, die es erlaubt, mit einem Fuß in ihre Richtung zu zeigen.

Erwidert sie seine Avancen, so wird der wachsamen Beobachterin auffallen, daß sein Blick etwas länger auf ihr ruht, wodurch er ihr unmißverständlich mitteilen will, daß nur sie es ist, die ihn interessiert. Der geschickte Flirter wird nun alles daransetzen, das Herz der Angebeteten zu gewinnen und sich gegen jede Art der Gegenwehr zu behaupten. Zu diesem Zweck bedient er sich zweier Techniken, die mit Nachahmung (siehe »Nachahmung«, S. 150) und Komplementärverhalten zu tun haben. Bei ersterer spiegelt er ihre Gesten wider, was für mehr Übereinstimmung sorgt. Die Anwendung komplementärer Haltungen bezweckt es, defensive Körperhaltungen der Flirtpartnerin zu lösen. Ein Beispiel dafür wäre, die Arme bewußt locker hängen zu lassen, wenn sie ihre verschränkt hält, oder eine betont lockere Körperhaltung einzunehmen, wenn ihre verkrampft ist. Ist das Eis erst gebrochen, wird er versuchen, in ihr Revier, d.h. in ihre persönliche Zone (siehe unter »Abstand«, S. 40), einzudringen und ihr näherzukommen. Bei diesem Spiel laufen unzählige Signale nonverbal ab, wobei jeder Beteiligte es stets in der Hand hat, die Kommunikation zu stoppen oder fortzusetzen. Duldet sie seine Annäherungen weiterhin, ist der Flirt bereits in vollem Gange, und er wird beginnen, sie mit sinnlichen Blicken zu mustern, die auf jeden Fall nicht unter ihre Schultern wandern sollten, denn für eine Frau gibt es nichts Unangenehmeres als einen Kerl, der auf ihre Brüste starrt. Einen erregten Mann erkennt man bei einem guten Flirt auch daran, daß er sich häufig mit der Zunge über die Lippen fährt – eine sexuell einladende Geste, die als eindeutiges Angebot gewertet werden kann.

• **Tip: Körpersprache bewußt einsetzen**
Zehn goldene Regeln für flirtende Männer:
1. Gute Kleidung hilft ungemein.
2. Suchen Sie den Blickkontakt, und halten Sie ihn aufrecht; weichen Sie ihrem Blick nicht aus, und sehen Sie nicht nach unten – das würde als Unterwürfigkeit gewertet. Lassen Sie sich nie dabei erwischen, ihr auf die Brüste zu starren oder anderen Frauen nachzublicken.
3. Ein Lächeln öffnet Tür und Tor; Sie zeigen dadurch, daß sie willkommen ist und nicht zurückgewiesen wird.

4. Ein Heben der Augenbrauen wirkt wie eine kleine Aufforderung: »Na, komm schon, gib dir einen Ruck ...«

5. Sobald Sie ihren Namen wissen, benutzen Sie ihn, so oft
Sie können. Ein Name ist ein magisches Wort, mit dem
Sie ihre Aufmerksamkeit auf sich lenken.

6. Benützen Sie nachahmende Körperhaltungen, und
suchen Sie Gesprächsthemen, in denen Sie miteinander
übereinstimmen (siehe »Übereinstimmung«, S. 190).

7. Verwenden Sie komplementäre Körperhaltungen, um
Barrieren zu durchbrechen.

8. Ihr Händedruck sollte bestimmt, aber nicht zu fest oder
zu schwammig sein.

9. Sprechen Sie ungezwungen in einer angemessenen
Lautstärke, murmeln Sie nicht in sich hinein, und werden Sie nicht zu laut. Machen Sie Komplimente, aber
nicht über ihren Körper, und vermeiden Sie es, zu flu-
chen oder zuviel über sich selbst zu erzählen.

10. Üben Sie sich im Zuhören und nicht in der Kritik.

Minderwertigkeit

Gefühle der Minderwertigkeit haben ihre Ursache in einem geschwächten Selbstbewußtsein. Sie stellen sich ein, wenn wir mit
offensichtlich dominanten Personen verkehren, die uns den Eindruck vermitteln, ihnen nicht ebenbürtig zu sein (siehe »Dominanz«, S. 83), oder entstehen im Vergleich der eigenen Lebens-
situation mit einer vermeintlich besseren.

Unsere geistige Haltung, bei der wir uns dem anderen beziehungsweise der Situation, der wir uns nicht gewachsen fühlen,
unterwerfen, wirkt sich dabei unweigerlich auch auf den körperlichen Ausdruck aus. Bei allen höheren, sozial organisierten

Tierarten ist die Einhaltung einer festgelegten Rangordnung für das Funktionieren der Gruppe unerläßlich. Damit es bei Machtkämpfen nicht ständig zu ernsthaften Verletzungen kommt, signalisieren Demutsgesten dem Überlegenen frühzeitig, daß er gewonnen hat und der Kampf nicht mehr fortgesetzt werden muß. Eine sehr ursprüngliche, auch bei Tieren oft vorkommende Verhaltensweise ist das Ducken des Körpers, wenn der »Feind« naht. Man kann es hervorragend bei spielenden Kindern beobachten, die bei drohender Gefahr durch einen kleinen Raufbold unvermittelt innehalten, um sich die Schuhe zu binden, sich plötzlich hinknien oder -legen. Durch das »tierische Erbe« gebremst, läßt der Angreifer, zumindest noch in unverdorbenen Jugendjahren, von dem Opfer ab, das seine Kapitulation deutlich gezeigt hat.

Abb. 94

Wenn wir uns jemandem oder einer Situation hoffnungslos ausgeliefert fühlen, zum Beispiel dem erbarmungslosen Gerichtsvollzieher, der uns das Familienerbstück, eine alte Ming-Vase aus dem 15. Jahrhundert, wegnehmen will, oder den faulen Sohn anflehen, doch endlich den Rasen zu mähen, bedienen wir uns oft dieser Gebetshaltung, die durch ein Schütteln der Hände noch an Ausdruckskraft gewinnt. Der verbal passende Satz dazu lautete: »Ich bitte um Gnade!«

Eine andere Form des Bittens, mit dem Aggression gemildert werden soll, sind die nach vorne flach ausgebreiteten Hände, deren Handflächen nach oben weisen. Unterstützend wird noch der Kopf eingezogen. Häufig sieht man diese entschuldigende Geste bei Autofahrern, die wegen einer Geschwindigkeitsübertretung oder Falschparkens in Diskussionen mit Gesetzeshütern verwickelt sind.

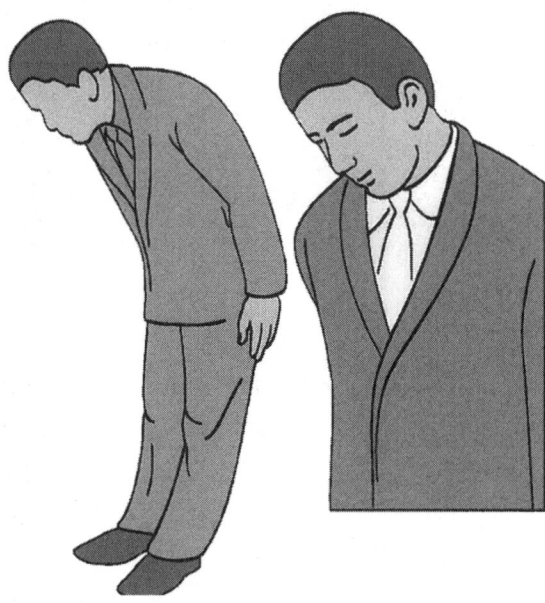

Abb. 95

Die Verbeugung ist eine höfliche Art, seine Ergebenheit zu zeigen, und Bestandteil vieler Begrüßungsrituale (siehe »Begrüßung«, S. 57). Diese Haltung ist die gesellschaftliche Form des Duckens und wird oftmals auch von Untergebenen eingenommen, die ihrem Vorgesetzten Respekt zollen. Eine abgemilderte Verbeugung vollführen wir durch die Beugung des

Kopfes. Wenn kleine Kinder ausgeschimpft werden, zeigen sie ihre Betretenheit durch diese Haltung mit gesenktem Blick.

Abb. 96

Eine sublime Art der nachgebenden Unterordnung ist die Demonstration der freien Halsflügel in Kombination mit gesenkten Augenlidern. Ähnlich wie der unterlegene Hund dem Sieger als Zeichen der Kapitulation seine Kehle offen darbietet, wird hier die verletzliche Flanke des Halses mit seiner lebenswichtigen Hauptschlagader dargeboten. Diese vertrauensvolle Hingabe erfolgt nicht als Reaktion auf physische Bedrohungen, sondern als Zeichen geistiger Kapitulation.

• Tip: Körpersprache bewußt einsetzen
Befinden Sie sich gerade in einem Zustand geschwächten Selbstwertgefühls, so machen Sie einmal folgendes Experiment, bei dem Sie eine ausgeprägt submissive Körperhaltung einnehmen. In dieser gebeugten Position sagen Sie zu

sich selbst: »Ich bin so gering, ich fühle mich so klein, ich bin ein Nichts!« Sie werden feststellen können, daß sich Ihr Befinden nicht im geringsten verbessert.

Setzen Sie sich nun im Gegenzug dazu betont selbstbewußt hin (siehe »Selbstbewußtsein«, S. 176). Lehnen Sie sich zurück, strecken Sie die Arme seitlich weit aus, und wiederholen Sie die selbstentwürdigende Formel von vorhin noch einmal. Sie werden feststellen, daß das gar nicht mehr so recht gelingen mag, weil Ihnen Ihr Körper genau das Gegenteil sagt.

Bemühen Sie sich also, rechtzeitig Gegenmaßnahmen zu ergreifen, bevor sich nagende Selbstzweifel ausbreiten können.

Nachahmung

Eines der deutlichsten Zeichen für die Übereinstimmung zweier Gesprächspartner besteht in der Nachahmung. Indem wir den Gesichtsausdruck, vor allem aber Körperhaltung und Gestik unseres Gegenübers nachahmen oder widerspiegeln, geben wir auf subtile Weise zu erkennen, daß wir uns mit unserem Gegenüber in Übereinstimmung befinden, daß wir ihm zustimmen und seine Ansicht teilen. Dies führt ganz automatisch dazu, daß unser Partner sich uns ein ganzes Stück weiter öffnen kann und folglich auch unsere Kommunikation effektiver ablaufen wird.

Interessanterweise bemerken wir selbst meist gar nicht, wie wir unsere Körpersignale denen unseres Gegenübers anpassen, wie unsere Bein- und Armstellungen, unsere Mimik und Gestik die seinige widerspiegelt.

Abb. 96a

• Tip: Körpersprache bewußt einsetzen

Sie können das Phänomen der Nachahmung auch als kleinen Trick einsetzen, falls Ihnen daran gelegen ist, eine lockere, verständnisvolle Atmosphäre zu schaffen, die den gegenseitigen Austausch enorm erleichtert.

Es gibt viele Möglichkeiten, unser Gegenüber zu »spiegeln« oder nachzuahmen. Beispielsweise können wir seine Art und Weise, die Beine zu verschränken oder die Arme und Hände zu halten, ebenso nachahmen wie seine Körper-, Kopf- oder Schulterhaltung.

In Abbildung 96a sehen Sie, wie zwei miteinander kommunizierende Personen eine sehr ähnliche Haltung eingenommen haben – wobei offenbleibt, welche der Personen die Signale aussendet und welche sie nachahmt. Beide Männer halten die Hände in den Hosentaschen, die Körper sind einander direkt zugewandt, und die offene Handhaltung symbolisiert Offenheit. Falls Sie – beispielsweise in einer Geschäftsbesprechung – den Kontakt erleichtern und eine freundschaftliche Atmosphäre herstellen möchten, können Sie die Nachahmung bewußt einsetzen, wobei Sie allerdings folgendes beachten sollten:

– Imitieren Sie nicht nur die Körperhaltung des anderen, indem Sie beim Sitzen oder Stehen eine ähnliche Haltung einnehmen, sondern ahmen Sie auch seine Bewegungen, Gesten und seinen Gesichtsausdruck nach.

– Doch Vorsicht: Übertreiben Sie die Sache nicht, bewegen Sie sich also nicht ständig mit Ihrem Gegenüber, spiegeln Sie ihn nicht allzugenau wider. Wenn Ihr Gegenüber beispielsweise eine Hand in die Hosentasche steckt, so lassen Sie sich ein wenig Zeit, bis Sie dieselbe Stellung einnehmen. Gehen Sie also kreativ und behutsam mit der Nachahmung um.

– Nicken Sie zwischendurch immer wieder einmal, geben Sie mit Ihrem Körper zu erkennen, daß Sie verstehen, was der andere Ihnen sagen will.

– Sehr hilfreich ist es auch, wenn Sie nicht nur die Körpersprache, sondern auch die Stimme, besser gesagt die Betonungen, die Stimmhöhe und Sprechgeschwindigkeit, Ihres Partners »widerspiegeln«, denn dadurch wird die Übereinstimmung noch weiter vertieft – wobei auch hier gilt, daß Sie die Sache natürlich nicht übertreiben sollten.

Auch wenn es für Sie weder aus geschäftlichen noch aus privaten Gründen nötig sein mag, Ihr Gegenüber nachzuahmen, lohnt es sich doch, im Alltag immer wieder einmal auf die eigene Körpersprache zu achten. Dabei werden Sie sich wahrscheinlich öfter, als Sie denken, dabei ertappen, wie Sie Freunde, Bekannte, Partner oder Kollegen widerspiegeln. Es kann mitunter recht interessant sein, sich dann zu überlegen, ob in diesen Situationen vielleicht der Wunsch dahintersteckt, eine Brücke zu bauen, die mehr Verständnis und eine entspanntere Stimmung ermöglicht.

Ebenso interessant kann es übrigens auch sein, andere Menschen dabei zu beobachten, wie sie uns in manchen Momenten nachahmen und dabei versuchen, mit uns in Kontakt zu treten, was, wie gesagt, meist unbewußt und absichtslos geschieht. Sicherlich lohnt es sich, mit der Technik der Nachahmung ab und an zu experimentieren. Gerade bei schwierigen Gesprächspartnern kann eine kleine Angleichung unserer Körpersprache oft wahre Wunder wirken. Doch probieren Sie es einfach selbst aus.

Nervosität

Unter dem Oberbegriff Nervosität werden Zustände erhöhter psychischer Anspannung und Reizbarkeit zusammengefaßt. Gemeinsam ist allen nervösen Gemütsverfassungen das ungleiche Verhältnis zwischen innerer Anspannung und äußerer Aktivität. Sie alle werden solche Situationen kennen, in denen der Geist auf Hochtouren läuft, wir aber den Eindruck haben, die Zeit verrinnt, ohne daß etwas passiert beziehungsweise daß es nicht schnell genug geht. Während diese Nervosität »hausgemacht«, d.h. nur aufgrund der eigenen Vorstellung entstanden ist, sind es oftmals auch äußere Gegebenheiten wie Lärm, die uns´aus dem Gleichgewicht bringen, während wir gerade einer mußevollen Tätigkeit nachgehen. Die Spannung, die durch das Mißverhältnis zwischen übererregtem Verstand und ausbleibender körperlicher Aktivität aufgebaut wird, überträgt sich automatisch auch auf unseren Körper, der in vielfältiger Weise darauf reagiert. Allen Reaktionen ist dabei gcmein, daß es sich um Ersatzaktivitäten handelt, die eigentlich in der gegebenen Situation nicht nötig sind. Im Extremfall, wenn der Bogen überspannt wird, kann sich der nervöse Zustand auch explosionsartig in einem Anfall von Aggression entladen. Langanhaltende Nervosität ohne lösende Ruhephasen bedingt häufig nervöse Magenleiden, einen Reizdarm oder Spannungskopfschmerzen, sie bildet überdies den fließenden Übergang zu einem Phänomen, das landläufig als Streß (siehe »Streß«, S. 184) bezeichnet wird.

Aufgrund der individuell unterschiedlich ausgeprägten Reizbarkeitsschwelle reagiert jeder Mensch anders auf die gleichen Auslöser. Während der eine schon ungeduldig wird, wenn der Schaffner seine Zugfahrkarte nicht schnell genug abknipst, kann im Leben eines anderen eine Katastrophe eintreten, ohne daß er aus der Ruhe gerät. So verschieden wie die Menschen sind auch ihre individuellen Nervositätssignale, die in diesem Kapitel gar nicht alle aufgezählt werden können. Bei allen Ersatzbeschäftigungen vollführen die nervösen Personen unruhige und nutzlose Bewegungen mit ihren Händen, Füßen oder Augen.

Abb. 97

Wer die rastlos trommelnden Finger auf einem Tisch oder der
Stuhllehne sieht, weiß sofort, daß es um die innere Ruhe des
Trommlers schlecht bestellt ist. Diese unbewußte Geste symbolisiert unseren Wunsch fortzulaufen. Ihr Ursprung kann entwicklungsgeschichtlich auf ein Stadium zurückgeführt werden,
in dem die Hände noch Vorderfüße waren und zur Fortbewe-
gung dienten.

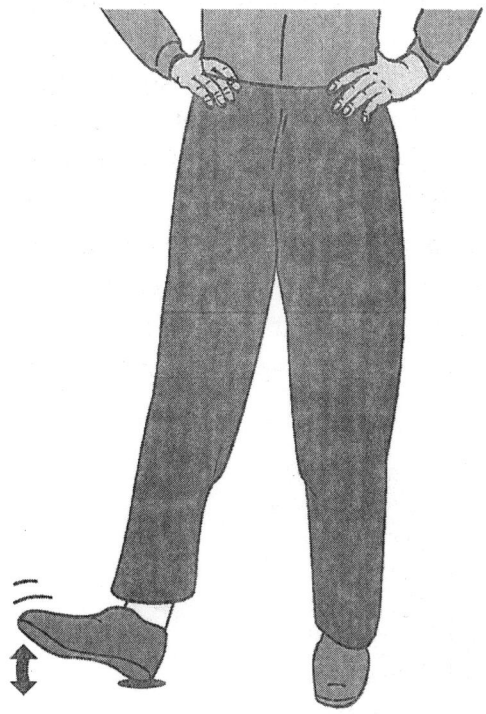

Abb. 98

So wie das Fingertrommeln ist auch das Fußklopfen eine klare
Botschaft für den Wunsch, sich vom Ort des Geschehens
zurückzuziehen. Auch hier handelt es sich um eine stilisierte
Fluchtbewegung, die diesmal allerdings mit den »Hinterbeinen«
gezeigt wird.

Abb. 99

Bei sitzenden Personen sind die beiden beschriebenen Gesten manchmal in Kombination zu sehen. Das nervöse Fingertrommeln wird hier von rastlosen Fußbewegungen begleitet. Die betreffende Person läuft also gedanklich auf schnellstmögliche Art davon (Abb. 99).

Abb. 100

Neben diesen weltweit gleichgearteten Fluchtreaktionen gibt es noch eine Anzahl anderer kleiner Gesten, die auf eine verborgene Unruhe hinweisen. Dazu gehören »Ticks« wie das nervöse Augenzwinkern, ganz allgemein aber das Spielen mit Gegenständen, der eigenen Kleidung oder das Zupfen an den Haaren ebenso wie das Auf-der-Backe-Herumbeißen. Oftmals zupfen sich die unruhigen Geister an den Augenbrauen, kneifen sich ins Augenlid oder kratzen sich den Kopf.

Abb. 101

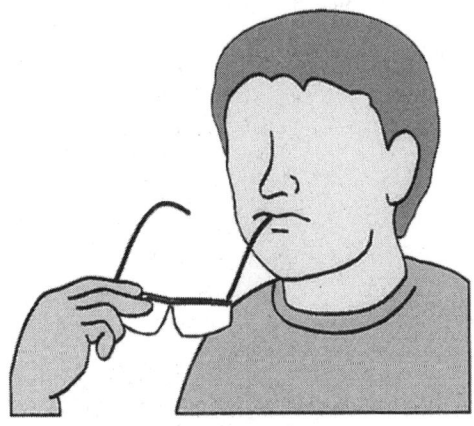

Abb. 102

Orale Ersatzbeschäftigungen wie beispielsweise das Rauchen, das Nägelkauen, das Lutschen an Daumen, Stiften oder dem Brillengestell deutet die Verhaltensforschung als Ausdruck für den unbewußten Wunsch, wieder in die Sicherheit zurückzukehren, die beim Saugen an der Mutterbrust empfunden wurde. Ein solches Verhalten impliziert das Bedürfnis nach der Ruhe, die uns in der Nervosität fehlt.

• Tip: Körpersprache bewußt einsetzen

Um nervösen Zuständen rechtzeitig entgegenzuwirken und chronischen Leiden vorzubeugen, ist es unerläßlich, das rechte Maß an Spannung und Entspannung zu finden. Während es wohl jedem von uns relativ leichtfällt, dem Körper die nötige Erholung zu gönnen und einmal auszuspannen, tun wir uns schon schwerer, die Gedanken zur Ruhe kommen zu lassen. Gerade in dieser Hinsicht können wir viele wertvolle Anregungen aus dem Gedankengut fernöstlicher Kulturen wie der indischen, japanischen und chinesischen erhalten. Techniken wie die Meditation und Yoga machen es sich zunutze, daß in einem völlig entspannten Körper mit ein wenig Übung auch die Entspannung des Verstandes erreicht werden kann, die uns für eine Weile von allen rastlosen Gedankenabläufen befreit und somit einen Zustand tiefen Friedens und der Ruhe schenkt. In Japan gibt es den Begriff »Hara«, der soviel bedeutet wie Körpermitte. Mit dieser Körpermitte ist nicht nur ein Punkt gemeint, der sich in etwa zwei Zentimeter unterhalb des Nabels befindet, sondern vielmehr ein Zentrum der Kraft und des ganzen Wesens. Von Menschen, die in sich ruhen, die »in ihrem Hara sind«, wird gesagt, nichts auf der Welt könne sie erschüttern.

Mit etwas Aufmerksamkeit können auch Sie lernen, Ihrem Hara von Tag zu Tag näherzukommen und die Aufregungen des Alltags an sich vorbeifließen zu lassen, wie der Wind einen Baumstamm umstreicht.

Eine kleine Übung hierfür, die Sie bei jeder Gelegenheit machen können, besteht darin, sich auf die vertrauensvollen Kräfte in Ihrer Leibesmitte zu konzentrieren. Mit dem Ausatmen geben Sie nun alle Spannungen, die Sie verspüren, über dieses Zentrum an die Erde ab. Egal, ob es sich dabei um körperliche Verspannungen oder belastende Gedanken dreht – lassen Sie los! Mit dem Einatmen schöpfen Sie aus dem Hara neue Kraft und warme, freundliche Gedanken, die allmählich alle negativen Vorstellungen ersetzen. Am besten wird Ihnen diese Übung anfangs gelingen, wenn Sie sich völlig darauf konzentrieren. Achten Sie auch darauf, den Körper für die Dauer der Übung (mindestens fünf Minuten) bewegungslos zu halten, sonst wird es Ihnen schwerfallen, Ruhe in die Gedanken zu bringen. Am besten legen Sie sich dazu hin oder nehmen eine bequeme, aufrechte Sitzhaltung ein. Beim Erspüren Ihrer Mitte ist es hilfreich, beide Hände übereinander knapp unterhalb Ihrer Nabelgegend auf den Bauch zu legen. Auf diese Weise fühlen Sie Ihren Atem im Unterbauch, der durch die Wärme der Hände bewußt wahrgenommen wird. Haben Sie diesen Zustand erst einmal erfahren und gelernt, wie Sie ihn erreichen können, werden Sie auch während des Alltags in der Lage sein, sich immer wieder von belastenden Gedanken, von Nervosität und Streß zu befreien.

Offenheit

Wir stehen in ständigem Austausch mit unseren Mitmenschen und der Außenwelt. All das empfinden wir in der Regel so, daß wir uns selbst auf der einen und die restliche Welt auf der anderen Seite sehen. Dazwischen sitzt das Gehirn als vermittelndes Organ, das uns sagt, was gut, schlecht, wünschenswert oder zu vermeiden ist. Wird unser Interesse geweckt, so öffnen wir uns und wenden uns einer Sache mit Freude zu, während wir uns verständlicherweise den eher unangenehmen und unerwünschten Situationen gegenüber verschließen (siehe »Abgrenzung und Abwehr«, S. 23).

Dieses Prinzip gilt sowohl für den einzelnen als auch für die Gruppe, die im Verband dasselbe Interesse verfolgt. Ein Beispiel für so ein gruppendynamisches Verhalten sind die »Kommunikationsinseln«, die immer dann entstehen, wenn sich im Rahmen größerer Veranstaltungen Personen umeinander gruppieren, die auf derselben Wellenlänge liegen. Beobachtet man nun die Positionen aller Personen in den Einzelgruppen, so kann man erkennen, daß sie zusammengenommen eine körpersprachliche Gesamtaussage bilden, die außenstehenden Personen signalisiert, ob sie der Gruppe willkommen sind oder nicht. So können sich beispielsweise drei Leute auf einem Sofa nach außen hin verschließen, indem sich die beiden außen Sitzenden nach innen wenden, oder andererseits außenstehende Personen willkommen heißen, indem sie eine offenere Gesamthaltung einnehmen.

Durch unseren Körper teilen wir anderen Menschen bereits im Vorfeld eindeutig mit, ob wir mit ihnen in Kontakt treten wollen oder nicht. Durch eine offene Körperhaltung laden wir andere dazu ein, sich uns zu öffnen und auf gleicher Ebene zu kommunizieren.

Abb. 103

Die Szene 103 zeigt eine Vielzahl kleiner extrovertierter Gesten, die in ihrer Gesamtheit der eintretenden Person deutlich signalisieren, daß ihr Besuch sehr willkommen ist. Bereitwillig räumt der Hausherr den Eingang und gibt den Weg ins Zimmer frei, wobei er seine Einladung noch mit einer weisenden Geste der linken Hand unterstreicht. Die rechte Hand ruht noch auf der Türklinke und hält die Tür weit geöffnet. Sein Körper ist entspannt auf die Besucherin gerichtet, während er ihr lächelnd in die Augen blickt. Vergleichen Sie dazu auch die abweisende Besuchsszene im ersten Kapitel (siehe »Abgrenzung und Abwehr«, S. 23). Das Lächeln ist ein sehr entwaffnender Gesichtsausdruck, der zu den elementaren, vererbten Ausdrucksformen gehört und immer verdeutlicht, daß sich derjenige, der es zeigt, wohl fühlt. Wenn wir jemanden anlächeln, so vermitteln wir ihm den Eindruck, willkommen zu sein und nicht zurückgewiesen zu werden.

Abb. 104

Eine sehr offene Körperhaltung ist der locker-gespreizte Stand, bei dem wir dem Partner gegenüberstehen. So als wollten wir sagen: »Komm her – du siehst doch, daß ich gar nichts habe«, strecken wir dem anderen die Arme entspannt mit nach oben geöffneten Handflächen entgegen. Bei dieser Haltung bieten wir unsere ungeschützte Front dar – ein Eindruck, der sowohl durch die offenen Hände als auch ein Lächeln unterstützt wird.

Abb. 105

Diese einladend offene Sitzhaltung zeugt von entspanntem Vertrauen und Selbstbewußtsein. Von Frauen eingenommen, wirkt
sie sexuell anziehend auf Männer, während man bei Männern
diese Haltung als Imponiergehabe charakterisieren kann. Egal
ob Mann oder Frau – mit Sicherheit ist der/die Betreffende
neuen Begegnungen gegenüber aufgeschlossen.

Abb. 106

Beobachtet man zwei Menschen, die einander in der hier abgebildeten Weise zugewandt sind, so besteht kein Zweifel daran,
daß sie sich gut verstehen. Beide Personen haben zueinander
eine sehr offene Körperhaltung eingenommen. Seine beiden
Beine stehen fest, parallel auf dem Boden und weisen in ihre
Richtung. Der Oberkörper ist nach vorne auf sie zu gebeugt,
und er hält einen langen Blickkontakt mit ihr aufrecht. Sein
Oberkörper ist entspannt, und die Arme ruhen auf den Beinen,
können also nicht aggressiv verwendet werden. Ihr Oberkörper
und Kopf sind ebenfalls auf ihn gerichtet, während ihre Arme
dieselbe entspannte Haltung zeigen wie die des Mannes. Eine
durchaus harmonische Begegnung.

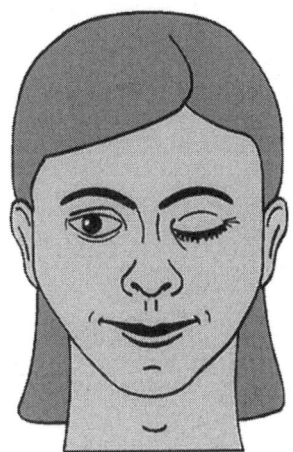

Abb. 107

Ein kurzes, »geheimes«, einseitiges Augenzwinkern ist ein Zei-chen ganz intimer Offenheit, die nur zwischen dem Sender und dem Empfänger dieser Botschaft besteht. Das Augenzwinkern signalisiert ein geheimes Einverständnis zwischen zwei Freun-den, während es bei Fremden als Flirtsignal verstanden werden kann. Das geschlossene Auge hütet dabei das Geheimnis und ist auf den Mitwisser gerichtet, während das geöffnete Auge wie immer in die Welt hinausblickt und nichts nach außen verrät.

• Tip: Körpersprache bewußt einsetzen
Indem Sie anderen Menschen bewußt offen gegenübertre-ten, wird es Ihnen leichterfallen, Ihre Interessen zu vertre-ten, Kontakte zu knüpfen und Konflikte zu lösen. Bemühen Sie sich daher um eine entspannte Körperhaltung, und ver-meiden Sie alle abwehrenden Gesten wie das Überkreuzen der Arme oder Beine (siehe »Abgrenzung und Abwehr«, S. 23). Signalisieren Sie dem Gesprächspartner durch ein Lächeln Ihre Freundlichkeit, und vermitteln Sie ihm Sicher-heit, indem Sie eine feste, aber entspannte, ihm zugewandte

Haltung einnehmen, die durch Gesten wie eine offene Hand unterstützt werden kann. Werden Sie nicht distanzlos, und beachten Sie den richtigen Abstand. Einladende und einschließende Gesten stellen eine gute Verbindung zu Ihrem Gegenüber her.

Passivität

Befinden wir uns in einer passiven Gemütslage, tendieren wir dazu, die Dinge eher auf uns zukommen zu lassen, als aktiv ins Geschehen einzugreifen. Bei diesem Abwarten handelt es sich aber nicht um das gespannte Warten, sondern um eine Form der Trägheit, die von uns Besitz ergriffen hat.

Immer wenn wir das Ruder aus der Hand geben und eher abwarten, was geschieht, wechselt unsere Rolle vom Spieler, der aktiv das Geschehen beeinflußt, zum Spielball, der von den Umständen beeinflußt wird. Dabei kann es mitunter auch passieren, daß uns übel mitgespielt wird. Sicherlich gibt es Ausnahmen, in denen jede Aktion überflüssig ist, da wir es einfach nicht mehr in der Hand haben, was passiert. In solchen Fällen ist es bestimmt besser, sich vertrauensvoll dem Schicksal zu ergeben, als einen sinnlosen Kampf aufzunehmen.

In der überwiegenden Mehrzahl aller Situationen scheint es aber doch angeraten, die Zügel nicht vorzeitig aus der Hand zu geben, sondern nach dem Motto »Wer macht, hat Macht!« aktiv das eigene Geschick zu lenken.

Während erwartungsvolle Momente körperlich durch einen erhöhten Muskeltonus und größere Wachheit gekennzeichnet sind, ziehen wir uns in Phasen der Teilnahmslosigkeit eher in uns zurück und kapseln uns von der Außenwelt ab. Diese Stimmung drückt sich auch in einer spannungslosen Körperhaltung aus.

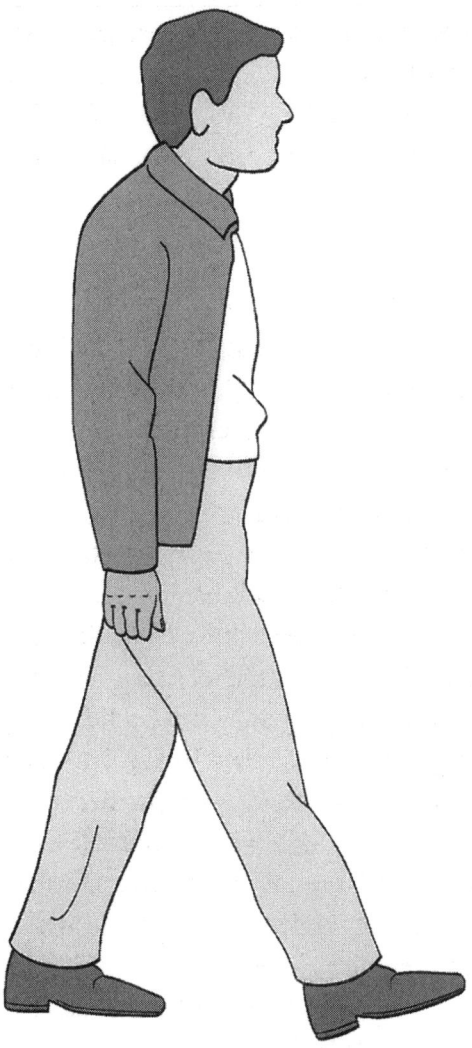

Abb. 108

Der Gang verrät viel über die Gemütslage eines Menschen und spiegelt in diesem Fall den energiearmen Zustand einer allen gleichgültig gegenüberstehenden Person wider. Obwohl der Schritt relativ ausladend ist und der Kopf aktiv nach vorne blickt, hängen die Schultern nach unten. So eine Körperhaltung raubt lebensnotwendige Energien schon allein dadurch, daß ein tiefes und freies Durchatmen nicht mehr möglich ist.

Die hängenden Schultern sind ein Charakteristikum passiver Wesensart und können auch oft bei resigniert wartenden Personen beobachtet werden, die beispielsweise auf einem Stuhl sitzen und die Arme vor dem Körper hängen lassen, so daß beide Hände zwischen den Oberschenkeln liegen.

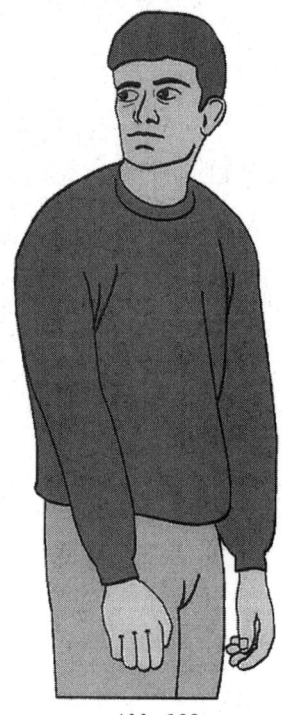

Abb. 109

Diese ausgesprochen phlegmatisch wirkende Körperhaltung erinnert ein wenig an eine Marionette, die während der Kaffeepause an den Haken gehängt wurde. Die Arme hängen seitlich schlaff herab, und der Blick ist apathisch ins Leere gerichtet. Mit so einer Haltung können Sie wahrlich keine Bäume ausreißen.

Abb. 110

Diese in sich zurückgezogene Sitzhaltung gleicht der, die wir einnehmen würden, wenn wir ein kurzes Gewitter unter einem Baum abwarten und in seinem Schutz auf besseres Wetter hoffen. Die Arme sind dabei schützend um die angezogenen Beine gelegt – ein Verhalten, das als Selbstumarmung interpretiert werden kann. Es ist der Ausdruck eines Stadiums der Selbstiso-lation und Sammlung, in dem wir resigniert und beinahe ängstlich der Dinge harren, die da auf uns zukommen mögen.

• **Tip: Körpersprache bewußt einsetzen**

Setzen Sie bewußt aktivierende Körperhaltungen ein, um sich am eigenen Schopf aus energieraubenden, apathischen Stimmungslagen zu ziehen. Achten Sie darauf, die Schultern zurückzunehmen und dem Brustraum die nötige Freiheit zum Atmen zu geben. Lassen Sie sich nicht gehen, sondern gehen Sie aktiv, indem Sie ganz bewußt die Spannung Ihrer Körpermuskulatur aufrechterhalten, und genießen Sie dabei das Gefühl, sich Kraft Ihres Willens und der ihm gehorchenden Muskeln fortbewegen zu können.

Wann immer Ihnen die rechte Entscheidungskraft fehlt, können Sie zu Hause eine Übung machen, um Ihre Willenskraft und Aktivität zu stärken. Setzen Sie sich dazu aufrecht hin, nehmen Sie die Schultern zurück, und recken Sie stolz Ihre Brust nach vorne. Nun nehmen Sie eine Siegerpose (siehe »Freude«, S. 113) ein, indem Sie beide Arme V-förmig nach oben ausstrecken, und machen mit den Händen eine kraftvolle Faust. Während Sie die Arme in dieser Streckung dehnen, sagen Sie zu sich selbst: »Ich kann! Ich will! Ich bin voller Kraft!« In Kombination mit der Siegerpose wirken sich die kraftvollen Worte unmittelbar auf Ihre Einstellung aus und helfen dabei, aktiv lethargische Stimmungen zu vertreiben.

Respekt

Die Körpersignale, mit denen wir Achtung vor jemandem oder etwas zum Ausdruck bringen, entspringen denselben Wurzeln wie die der Minderwertigkeit (siehe »Minderwertigkeit«, S. 146). Im Unterschied zu dem dort behandelten Themenkreis ist es aber keine Unterwerfung gegenüber physischer oder psychischer Gewalt, sondern die selbstgewählte Ehrerbietung, die wir einer anerkannten Autorität entgegenbringen. Paradebeispiele für respektvolle Unterwürfigkeit sind die verschiedenartigen Gebetshaltungen, die sich in allen Weltreligionen beobachten lassen.

Eine extrem devote Haltung stellt in der katholischen Kirche die Niederwerfung vor dem Kreuz dar, bei der der Geistliche flach mit dem Bauch auf dem Boden liegt und die Arme mit den Handflächen nach unten seitlich ausstreckt. In einigen Kulturen Afrikas ist die traditionelle Niederwerfung vor Älteren und Vorgesetzten auch heute noch lebendig, wird jedoch nicht so extrem wie im gerade beschriebenen Fall vollzogen, sondern gleicht eher einem Liegestütz.

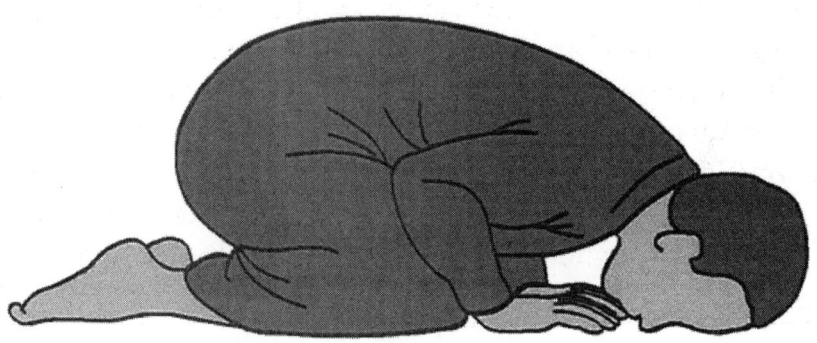

Abb. 111

Muslime unterwerfen sich Allah in einer knienden Gebetsstellung, die ehemals im orientalischen Kulturkreis auch vor Fürsten eingenommen wurde. Bei Menschen aus der westlichen Kultur kommt diese Haltung nur noch vor, wenn der Papst das Land bei seiner Ankunft segnet.

Abb. 112

In der westlichen Welt weit verbreitet ist die kniende Gebetshaltung der Christen, die von der Kirchengemeinde während des gemeinsamen Gottesdienstes eingenommen wird. Die symmetrisch gefalteten Hände sind dabei ein Symbol der Sammlung und Andacht. Ebenso wie die Niederwerfung wird der Kniestand bei einigen Völkern auch außerhalb religiöser Praktiken zur Ehrerweisung hochgestellter Personen vollzogen.

Wer den Film *Robin Hood* gesehen hat, erinnert sich bestimmt an die Schlußszene, in der König Richard auf den ihm treuen Rebellen zukommt, der ehrfürchtig vor ihm niederkniet. Diese Art des Kniens, bei dem nur ein Knie den Boden berührt, kann übrigens noch heute am britischen Hof beobachtet werden, wenn jemand zum Ritter geschlagen wird. Es ist ein Überbleibsel aus der Zeit, als es noch Sitte war, sich vor seinem König mit einem Knie, vor Gott hingegen auf beiden zu knien. Der

Knicks, bei dem ein Bein leicht nach hinten versetzt ist, während man kurz in die Knie geht, ist die moderne Weiterentwicklung des »ritterlichen« Kniens und wird auch heutzutage noch bei zeremoniellen Empfängen vollführt. Im westlichen Europa und in den Vereinigten Staaten werden mit dieser allerdings nur Frauen vorbehaltenen Geste Mitglieder von Königsfamilien begrüßt; in außereuropäischen Ländern wird diese Ehre, je nach Sitte, auch nicht so hochgestellten Personen zuteil.

Schockiertsein

Es sind die völlig unvorhersehbaren Ereignisse, die uns immer wieder klarmachen, daß sich der Lauf des Lebens nicht vorhersagen läßt. Gerade wegen ihrer Unberechenbarkeit ist es unmöglich, sich auf solche Situationen vorzubereiten, geschweige denn, eine passende Reaktion für sie zu lernen.

Erschrecken gehört ebenso wie Trauer, Freude, Furcht, Angst und Ärger zu den ursprünglichsten Empfindungen und spiegelt sich durch angeborene Gesichtsausdrücke wider. Völlig unabhängig davon, welche Konsequenzen die unerwartet auftretende Situation für uns hat, zeigt doch jeder von uns in der ersten Schrecksekunde dasselbe erstaunte Gesicht. Im Gegensatz zu den anderen ursprünglichen Gesichtsausdrücken, wie beispielsweise Freude, ist diese Mimik insofern einmalig, als sie wirklich nur in echten Schrecksituationen beobachtet werden kann. Der Ausdruck des Erstaunens ist dabei völlig wertfrei, d.h. es ist nicht erkenntlich, ob er durch eine heranrollende, einhundert Meter hohe Flutwelle oder sechs Richtige im Lotto ausgelöst wird. Nach der ersten Schrecksekunde, nachdem die Bewertung stattgefunden hat, ob das unerwartete Ereignis eine

Bedrohung oder eher freudiger Natur ist, wird das erstaunte durch das entsprechende freudvolle oder ängstliche Gesicht ersetzt.

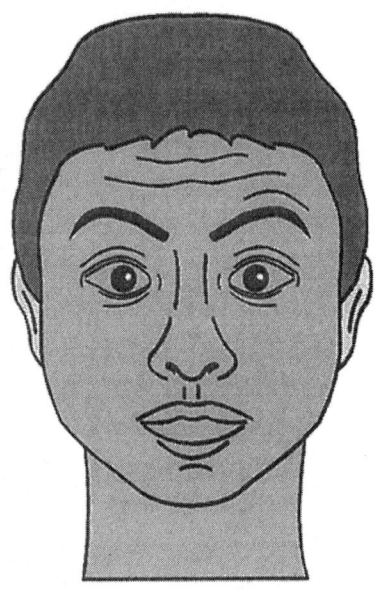

Abb. 113

Charakteristisch für das Schreckgesicht sind die stark hochge-zogenen Augenbrauen, die im Augenblick der Überraschung nach oben schießen und die Stirn zu waagerechten Falten zusammenschieben. Die weit aufgerissenen Augen, in denen das Weiß des Augapfels deutlich sichtbar wird, symbolisieren den Ausdruck: »Das kann doch nicht wahr sein! Ich muß genauer hinsehen!« Gleichzeit klappt die Kinnlade herunter, und wir starren mit offenem Mund auf das Unfaßbare. Alle Sin-nespforten sind bei diesem Gesichtsausdruck weit geöffnet und bemühen sich, das völlig Unerwartete aufzunehmen.

Eine ähnliche Mimik, wenngleich in weit abgeschwächter Form, kann oftmals auch im Rahmen von Dialogen beobachtet

werden, wenn der Zuhörer überraschende Neuigkeiten erfährt
oder dem verblüfften Erzähler seine Übereinstimmung signalisieren möchte.

Abb. 114

Je nach Veranlagung kann es auch passieren, daß eine oder
beide Hände mit gespreizten Fingern vor das entsetzte Gesicht
geschlagen werden. Häufig ist dieses Verhalten auch bei kleinen
Kindern zu beobachten, die erschrecken oder sich verstecken
wollen. In gleicher Weise wird versucht, sich sinnbildlich vor
der belastenden Situation hinter den Händen zu verbergen.
Diese Geste kann auch im Scherz gezeigt werden, wenn der
Schreck nur gespielt wird.

Abb. 115

Eine andere Schreckbewegung führt die Hand beinahe reflexar-
tig zum Scheitel. Die Hand liegt dabei, ähnlich wie früher die
der Mutter, schützend und trostspendend auf dem Schädeldach.
Variationen derselben Reaktion bestehen darin, die Hand vor
den Mund, vor die Stirn oder an die Wange zu legen. Allen
Handbewegungen liegt dabei eine Art Schutzreflex zugrunde.

Selbstbewußtsein

Jeder will es, manche haben offensichtlich zuviel, während
andere unter seinem Mangel leiden. Ein gesundes Selbstvertrauen erleichtert das Leben ungemein, weil wir weniger vom
Urteil anderer abhängen und in schwierigen Situationen darauf
vertrauen können, sie unbeschadet zu überstehen. Unbewußt
suchen wir gerne den Kontakt zu starken, selbstbewußten Persönlichkeiten, die uns gewissermaßen als Vorbild für die eigene

Lebensführung dienen, während Begegnungen mit schwachen Personen als eher kräfteraubend empfunden werden. Dieser energetische Austausch wird besonders stark bei Krankenhausbesuchen wahrgenommen, die dem Leidenden Kraft spenden, während der Besucher das Krankenzimmer meist leicht geschwächt verläßt und sich erleichtert fühlt, sobald das Gebäude hinter ihm liegt.

Selbstvertrauen ist keine Eigenschaft, die uns in die Wiege gelegt wird, sondern wächst erst allmählich mit jeder Herausforderung, der wir uns im Leben stellen, und jeder Aufgabe, die wir erfolgreich bestehen. Es ist wichtig zu erkennen, daß es sich bei der Entwicklung des Selbstvertrauens um einen Prozeß handelt, der starken Rückkopplungswirkungen unterliegt. Damit ist gemeint, daß es uns von Mal zu Mal besser gelingen wird, ein positives Selbstbild aufzubauen, wenn wir in einer Angelegenheit erfolgreich waren und daraufhin bei einer folgenden Herausforderung mutiger an die Sache herangehen, weil unser Selbstvertrauen schon ein wenig gestiegen ist. Ursache und Wirkung beeinflussen sich also gegenseitig – im Falle negativer Erlebnisse aber leider auch negativ, mit dem Ergebnis eines geschwächten Selbstvertrauens.

In einem solchen Fall von sich gegenseitig verstärkenden Faktoren ist es egal, wo man ansetzt, um eine Veränderung herbeizuführen. Entweder Sie beginnen auf psychologischer Ebene an sich zu arbeiten, oder Sie versuchen, möglichst positive Erfahrungen im Umgang mit den Ihnen gestellten Herausforderungen zu machen. Wenn Sie den zweiten Weg wählen, sollten Sie versuchen, nach außen hin Selbstsicherheit auszustrahlen, weil Sie dadurch anderen Menschen das Gefühl geben, vertrauenswürdig, kraftvoll und zielbewußt zu sein. Als Antwort darauf werden Sie genau die Signale zurückerhalten, die Ihnen bestätigen, daß Sie tatsächlich ein selbstbewußter Mensch sind.

Die körpersprachlichen Erkennungsmerkmale selbstsicherer Persönlichkeiten sind vielfältig und gehen, gerade bei der Tendenz zum übersteigerten Selbstbewußtsein, manchmal nahtlos in dominante Signale über (siehe »Dominanz«, S. 83).

Abb. 116

Wer sich so mit den geschlossenen Fingerspitzen an die Brust klopft, der hat zweifellos eine ganz konkrete Vorstellung von sich selbst. Diese weltweit verbreitete Geste dient dazu, verstärkt auf die eigene Person hinzuweisen, und betont während einer Unterhaltung das Wort »Ich«.

Abb. 117

Ein lebhafter Gang mit federnden Schritten, zurückgezogenen Schultern und locker schwingenden Armen strahlt Energie und Selbstvertrauen aus. Übertrieben wird diese Gangart von Solda-ten während des Marschierens gezeigt, sie ist dann eine eindeu-tige Demonstration der Einheit und Schlagkraft.

Abb. 118

Ein aufrechter, gerader und fester Stand wird im allgemeinen mit Attributen wie Zielbewußtsein, Strebsamkeit, Vertrauens-würdigkeit und Selbstbewußtsein in Zusammenhang gebracht. Ein gerader Rücken und breite, eckige Schultern, die durch das Tragen von Anzügen betont werden, symbolisieren dabei Tat-kraft und Vitalität.

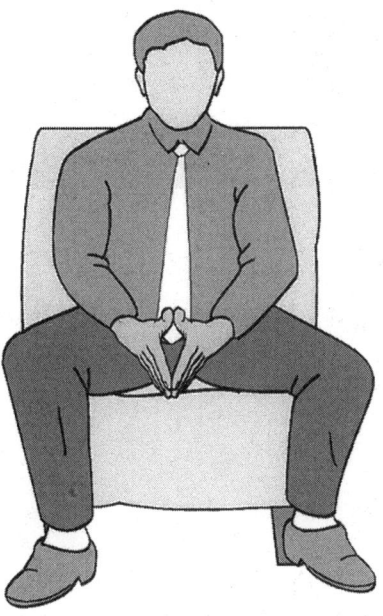

Abb. 119

Diese dachartige Handhaltung, bei der die Handflächen einander zugewandt sind und sich die Fingerspitzen berühren, kann manchmal während einer Konversation beobachtet werden. Sie ist ein Ausdruck dafür, daß die betreffende Person sehr sicher ist, und wird oftmals eingenommen, sobald eine konkrete Entscheidung getroffen ist. In diesem Fall wird die Geste versteckt durchgeführt, um die siegessicheren Gefühle nach außen hin zu verbergen, wie etwa an einem Spieltisch. Eine andere Variante derselben Haltung zeigt beide Hände knapp unter oder vor dem Kopf, wobei die Ellbogen rechts und links vor dem Oberkörper auf dem Tisch ruhen. Experten verleihen damit ihrem unanfechtbar kompetenten Urteil Nachdruck. Bei der dritten Form dieser Geste, die vornehmlich von Frauen bevorzugt wird, ruhen die Unterarme auf den Oberschenkeln oder den Stuhllehnen, während die Hände das Dach über den Schenkeln bilden.

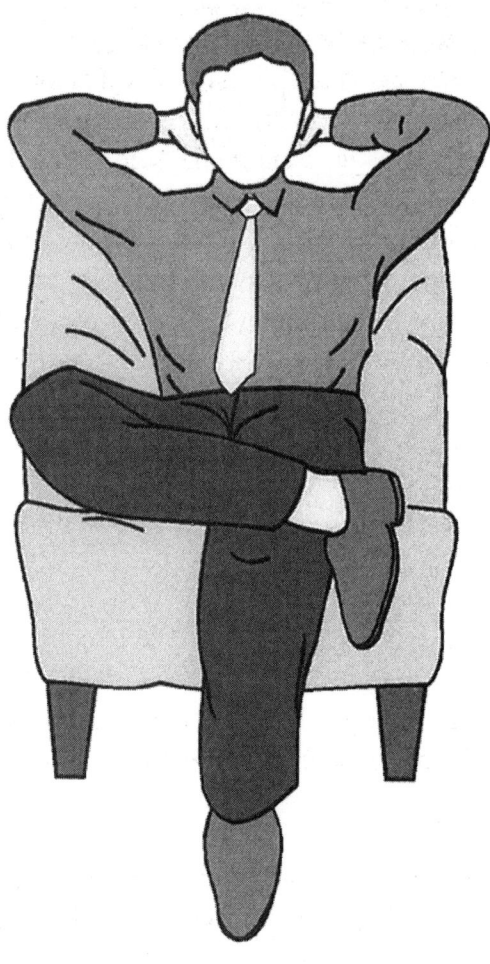

Abb. 120

Wer in dieser entspannt zurückgelehnten Position die Arme hinter den Kopf genommen hat, fühlt sich in seiner Haut sehr wohl.
Es ist die Pose des Chefs, der sich in der Konferenz gelassen die
Argumente seiner Mitarbeiter unterbreiten läßt. Hier ist selbstsi-
chere Offenheit gepaart mit deutlicher Abgrenzung, die das quer
übergeschlagene Bein signalisiert.

• Tip: Körpersprache bewußt einsetzen

Greifen Sie aktiv in den Kreislauf der Persönlichkeitsentwicklung (siehe auch »Kritik«, S. 126) ein, und entwickeln Sie ein positives Image, indem Sie selbstbewußt auftreten. Wenn Sie anderen Menschen erfolgreich vermitteln können, daß Sie von einem kraftvollen, vertrauenswürdigen und unerschütterlichen Selbstvertrauen erfüllt sind, werden Sie entdecken, daß die anderen Sie auch dementsprechend behandeln, wodurch Sie wiederum eine positive Rückmeldung erhalten.

Um glaubhaft Selbstvertrauen zu demonstrieren, sollten Sie bei Ihrer Körperhaltung folgendes beachten:

1. Stehen Sie aufrecht, aber entspannt mit beiden Füßen fest am Boden.
2. Gehen Sie kraftvoll mit locker federnden Bewegungen.
3. Geben Sie mit Ihren Schultern den Brustraum frei, und atmen Sie tief und gleichmäßig.
4. Bemühen Sie sich um innere und äußere Gelassenheit, und vermeiden Sie abgrenzende, aggressive oder dominante Gesten.

Einen dauerhaft positiven und vertrauensvollen Eindruck bei Ihrem Gesprächspartner hinterlassen Sie auf folgende Weise:

1. Suchen Sie häufig den direkten und offenen Augenkontakt mit dem Gesprächspartner.
2. Vermeiden Sie es, sich häufig am Kopf zu kratzen oder Teile des Gesichts wie den Mund, die Augen oder die Nase mit einer Hand zu verbergen.
3. Zeigen Sie Ihrem Gegenüber Ihre ganze Aufmerksamkeit, indem Sie sich ihm zuwenden, und schenken Sie ihm ab und zu ein Lächeln.

Streß

Fühlen wir uns den Anforderungen des Berufslebens nicht mehr gewachsen, sind wir ständig durch ein hektisches Umfeld belastet oder überfordern uns die Aufgaben, die uns gestellt werden, dann entwickeln wir all jene Symptome, die mit dem Wort Streß umschrieben werden. Versuche mit Ratten haben gezeigt, daß Tiere in Populationen mit ausreichendem Lebensraum friedlich miteinander umgehen, während mit steigender Bevölkerungsdichte auch der Streß und damit die Aggression zunimmt. Ist nicht mehr genügend Freiraum vorhanden, reagieren wir uns in gleicher Weise an unserem Umfeld ab, was latente Spannungen und Konfliktsituationen verstärkt. Es ist deshalb lebensnotwendig, sich Freiräume zu erhalten und den privaten Bereich vor streßfördenden Übergriffen zu schützen (siehe »Abgrenzung und Abwehr«, S. 23).

Streßauslösende Faktoren werden psychisch wie Angriffe verstanden und verursachen dieselben körperlichen Reaktionen, die beispielsweise eine Antilope zeigt, wenn sie von einer Raubkatze gejagt wird. Um alle Energie für die Flucht einsetzen zu können, macht der Körper mobil und steigert Adrenalinspiegel, Blutdruck, Puls und Atemfrequenz, während sich die Muskulatur anspannt. Für das Entkommen unwichtige Systeme wie Verdauung, Immunsystem, Sexualtrieb und Nahrungsaufnahme werden gleichzeitig in ihrer Leistung reduziert. Das Gehirn befindet sich im Alarmzustand und macht jeden klaren Gedanken unmöglich.

Andauernder Streß stellt somit eine hohe Belastung dar, die der Körper auf Dauer nicht verkraften kann. Symptomatische Krankheiten wie Störungen des Magen-Darm-Trakts, erhöhtes Infarktrisiko, höhere Infektionsneigung und Nervenzusammenbrüche sind die unausweichliche Folge.

Die direkten Körpersignale, die wir als Antwort auf Streß am eigenen Leib verspüren können, werden vom autonomen Nervensystem verursacht und unterliegen nicht unserer bewußten Kontrolle. In diesem Zusammenhang kennt bestimmt jeder das leichte Panikgefühl, das sich vor schwierigen Prüfungen oder dem Halten einer Rede einstellt. Wir bemerken, daß der Mund trocken wird, uns das Herz bis zum Hals schlägt, der Angstschweiß ausbricht, die Hände zu schwitzen beginnen oder die Stimme versagt.

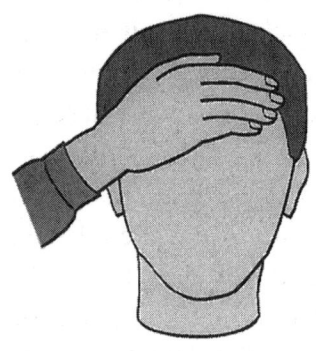

Abb. 121

Gleichsam als würden wir nachsehen, wo uns der Kopf steht, legen wir uns in stark angespannten Situationen oft eine Hand auf die Stirn. Dabei entzieht die Handfläche dem »rauchenden« Kopf etwas Wärme und hilft uns dabei, »cool« zu bleiben. Durch den Kontakt mit der Stirn wird es auch leichter, die ungezähmte Gedankenflut auf das Wesentliche zu konzentrieren und einen kühlen Kopf zu bewahren.

Man kennt dieselbe Haltung, allerdings mit dem Handrücken auf der Stirn, auch als die theatralische Geste einer Frau, die ihre nahende Ohnmacht ankündigen möchte. Obwohl diese Geste heute nur noch als ironische Anspielung gezeigt wird, bleibt doch der kausale Zusammenhang erhalten, denn auch sie drückt aus, daß die Frau am Ende ihrer Kräfte ist, weil ihr einfach alles zuviel wird.

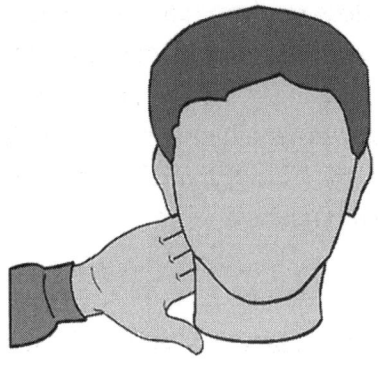

Abb. 122

Ein ähnlich entspannender Effekt wird auch durch das Handauflegen im Nackenbereich erzielt, der sich bei Überforderungen
meist zusammen mit dem ganzen Schultergürtel stark verspannt. Eine leichte Handmassage wirkt dabei manchmal kleine
Wunder und hilft, Spannungskopfschmerzen vorzubeugen. Diese Geste hat auch selbsttröstenden Charakter. So wie der Säugling beim Stillen seinen Kopf der stützenden Hand im Nacken
anvertraut, geben wir unbewußt auch einen Teil der Last an die
eigene auffangende Hand ab.

Symptome extrem starker Streßeinflüsse können an den
Augen beobachtet werden, die buchstäblich alle besorgniser-
regenden Faktoren auszusperren versuchen. Es gibt dabei vier
mögliche Augensignale:

1. Sporadisch auftretendes Flattern der Augenlider.
2. Obwohl jemand aktiv zuhört und sich an einem Gespräch
   beteiligt, verweilen die Augen sehr viel länger auf anderen
   Dingen als beim Gesprächspartner.
3. In rastloser Wiederholung suchen die Augen den Gesprächspartner kurzzeitig auf, um sofort wieder wegzublicken.
4. Selbst wenn sie auf den Sprecher gerichtet sind, schließen
   sich die Augen beim Blinzeln länger als gewöhnlich.

Über Streß und dessen Vermeidung gibt es viele Bücher. Die beste Anti-Streß-Taktik ist aber immer noch, es gar nicht erst so weit kommen zu lassen. Sie sollten tunlichst darauf achten, sich bereits bei den ersten Anzeichen von Nervosität zu bremsen und aktiv gegenzusteuern. Eine hilfreiche Technik dazu finden Sie im Kapitel Nervosität (siehe S. 153).

Trauer

Ausdrücke wie »Herzschmerz«, »ein gebrochenes Herz« oder »Kloß im Hals« versinnbildlichen am besten, wo dieses intensive Gefühl der Niedergeschlagenheit am stärksten wahrgenommen wird. Jeder Verlust hat mehr oder weniger stark ausgeprägte Stimmungstiefs zur Folge. Im Falle großer emotionaler Verluste wie dem Ende einer Partnerschaft oder gar dem Tod eines geliebten Menschen kann sich ein beträchtlicher Leidensdruck entwickeln, der sich massiv auf unser Leben auswirkt.

Befinden wir uns in einer schwermütigen Verfassung, drehen sich alle Gedanken um den erlittenen Verlust. In solchen Momenten haben wir die Tendenz, uns abzukapseln und von äußeren Aktivitäten zurückzuziehen. Die Trauer erzwingt somit eine Abkehr vom regen Treiben und das Innehalten, um unsere neue Situation zu verdauen und neu zu überdenken. Diese notwendige psychologische Umstellung ermöglicht es, neue Pläne zu schmieden und uns den veränderten Umständen anzupassen.

Dieser Verdauungsprozeß, aus dem wir mit der Zeit, die ja bekanntlich alle Wunden heilt, durch eigene Kraft wieder herausfinden, ist somit ein hilfreiches Mittel, um Krisen zu überstehen und neue Perspektiven zu finden. Im Gegensatz zu dieser »gesunden« Trauer ist die regelrechte Depression (siehe S. 79) alles andere als sinnvoll und sollte unbedingt behandelt werden, da man selbst den Weg nicht mehr finden kann, der aus der andauernden Verzweiflung herausführt.

Die unangenehmen Erfahrungen beginnen bereits im Säuglingsalter, in dem wir unserem Unmut über Gefühle wie Hunger, Durst, Kälte, Hitze oder mangelnde Zuwendung durch heftige Weinanfälle Luft machen.

Abb. 123

Wenn etwas sehr zu Herzen geht und wir außerordentlich gerührt sind, kann es vorkommen, daß sich dieses Gefühl in Tränen entlädt. Es ist gleichermaßen möglich, in sehr glücklichen Augenblicken wie auch in Momenten tiefster Trauer zu weinen. Darüber hinaus treiben auch bisweilen scharfe Speisen oder außerordentlich starke Schmerzen das Wasser in die Augen. Dennoch denken wir beim Anblick eines weinenden Gesicht als erstes, daß der Weinende trauert.

Jeder, der schon einmal herzzerreißend weinen mußte, wird die befreiende Wirkung der Tränen bemerkt haben, die uns in Momenten tiefster Niedergeschlagenheit erleichtern. Wissenschaftler haben herausgefunden, daß zusammen mit den Tränen auch überflüssige Streßhormone ausgeschieden werden, die sich aufgrund unserer Trauer angesammelt haben. Unter den Primaten ist der Mensch im übrigen die einzige Spezies, die fähig ist zu weinen. Möglicherweise ist das darauf zurückzuführen, daß erst aufgrund des fehlenden Fells die Tränen weithin sichtbar und somit zu einem ausdrucksstarken Signal geworden sind.

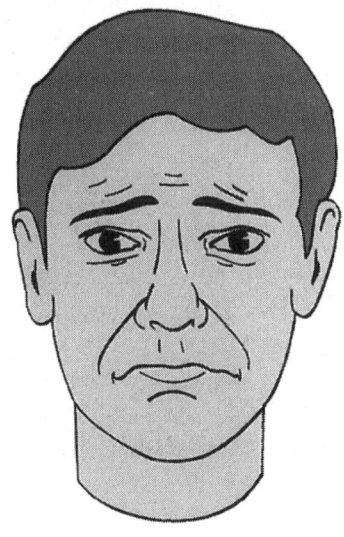

Abb. 124

Ebenso wie dieses Verhalten ist auch der Gesichtsausdruck angeboren, der Trauer signalisiert. Charakteristisch sind die herabgezogenen Mundwinkel, die dem Gesicht seinen unlebendigen Ausdruck verleihen, und die bebenden Lippen, die ebenso wie der starke Glanz in den Augen das Nahen der Tränen ankündigen. Die Augenbrauen sind zur Mitte hin angehoben und bilden zusammen mit den Augen und der Nasenwurzel ein Dreieck. Durch die Spannung der Augenbrauen kann die Stirn leicht in Falten geschoben sein. Mit der Stimmung sinkt in der Regel auch das Kinn, und wir lassen den Kopf hängen.

Um ihren Mißmut zu besiegen, haben Menschen die unterschiedlichsten Strategien. Eine der schlechtesten Lösungen liegt dabei in der selbstgewählten Isolation, weil es aufgrund der fehlenden Impulse nur sehr schwer möglich ist, den grüblerischen Gedankenkreislauf zu durchbrechen. Da es nicht der Inhalt, sondern die Stimmung selbst ist, die unsere Gedanken miteinander verknüpft, ist oftmals ein Ruck von außen nötig, um uns auf andere Gedanken zu bringen.

> **• Tip: Körpersprache bewußt einsetzen**
> Wenn Sie merken, daß das Schlimmste verdaut und es eigentlich wieder an der Zeit ist, zu den Lebendigen zurückzukehren, kann es vorkommen, daß es Ihnen nicht gelingt, sich von Ihren bedrückenden Gefühlen zu lösen. Da depressive Verstimmungen durch einen sehr niedrigen Erregungszustand gekennzeichnet sind, können Sie ihnen den Kampf ansagen, indem Sie Ihren Körper zum Beispiel durch Sport in einen hohen Erregungszustand versetzen. Auf diese Weise bringen Sie Ihr Gehirn auf ein so hohes Aktivitätsniveau, daß Ihre Mißstimmung nicht mehr aufrechterhalten werden kann.

Übereinstimmung

Bei Besprechungen ist es sehr hilfreich, die Meinung des Gesprächspartners richtig einzuschätzen. Mit etwas Gespür können Sie schnell merken, bei welchen Punkten Differenzen zu erwarten sind, und rechtzeitig einlenken oder ergänzende Anmerkungen einfließen lassen, um die Verhandlung zu Ihren Gunsten zu beeinflussen.

In diesem Zusammenhang sollten Sie sich auch die Kapitel »Uneinigkeit«, (S. 198), »Ablehnung« (S. 33) und »Langeweile« (S. 130) durchlesen, um negative Körpersignale richtig zu deuten.

Es gibt viele Möglichkeiten, unsere Zustimmung zu zeigen. Die in der westlichen Welt wohl am häufigsten gebrauchte Geste ist das Nicken mit dem Kopf in der Bedeutung von »Ja«. Je nachdem, wie es eingesetzt wird, kann es bei Gesprächen unterschiedlich aufgefaßt werden:

– Ein einmaliges, kurzes Zunicken zeigt unsere klare Zustimmung.

– Öfteres Nicken, während wir einer Erzählung folgen, vermittelt den Eindruck von Interesse.

– Das langsame Nicken deutet auf eine generelle, aber mit Vorbehalten versehene Zustimmung.

– Wird zweimal kurz in Folge mit dem Kopf genickt, so heißt das soviel wie: »Ja, ja – schon gut. Wir sollten jetzt zum nächsten Thema kommen.«

Es gilt zu beachten, daß bei der Interpretation zustimmender oder verneinender Kopfbewegungen kulturelle Unterschiede bestehen, die bei ungenügender Kenntnis der landesüblichen Eigenheiten einige Verwirrungen stiften könnten.

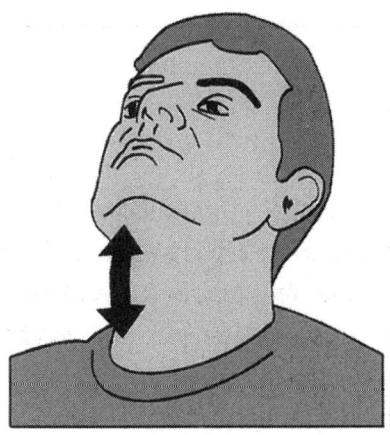

Abb. 125

Ein kurzes Anheben des Kopfs, also eigentlich ein umgekehrtes Nicken, bedeutet in Süditalien, Griechenland, der Türkei und in arabischen Ländern das genaue Gegenteil, also »Nein«. Aber keine Regel ohne Ausnahme, denn der Äthiopier meint dadurch wiederum ein »Ja«.

Abb. 126

Erhalten Sie als Antwort auf den Heiratsantrag nur ein Kopfschütteln von Ihrer bulgarischen Verlobten, so ist das kein Grund, sich gleich das Leben zu nehmen, sondern bedeutet ganz im Gegenteil, daß Sie schon mal die Einladungen verschicken können. Diese für uns sehr verwirrende Einverständniserklärung kann auch in Indien und Pakistan beobachtet werden.

Abb. 127

Durch Körperhaltungen und -gesten, die mit seinen übereinstimmen, geben wir unserem Gesprächspartner ein positives
Feedback und signalisieren ihm, daß wir gleicher Meinung sind
(siehe »Nachahmung«, S. 150); auf diese Weise schließen wir
mit ihm ein stillschweigendes Bündnis. Diese Situation gibt ein
Beispiel dafür, wie zwei Personen durch kongruente Körperhaltungen ihre Übereinstimmung ausdrücken:

– Die Gesprächspartner haben den Oberkörper leicht vorge-
  beugt und sind einander zugewandt.

– Beide Personen halten ein Getränk in der Hand.

– Die zwei haben jeweils ein Bein über das andere geschlagen.

– Das Körpergewicht beider Männer liegt vorwiegend auf
  einer Seite.

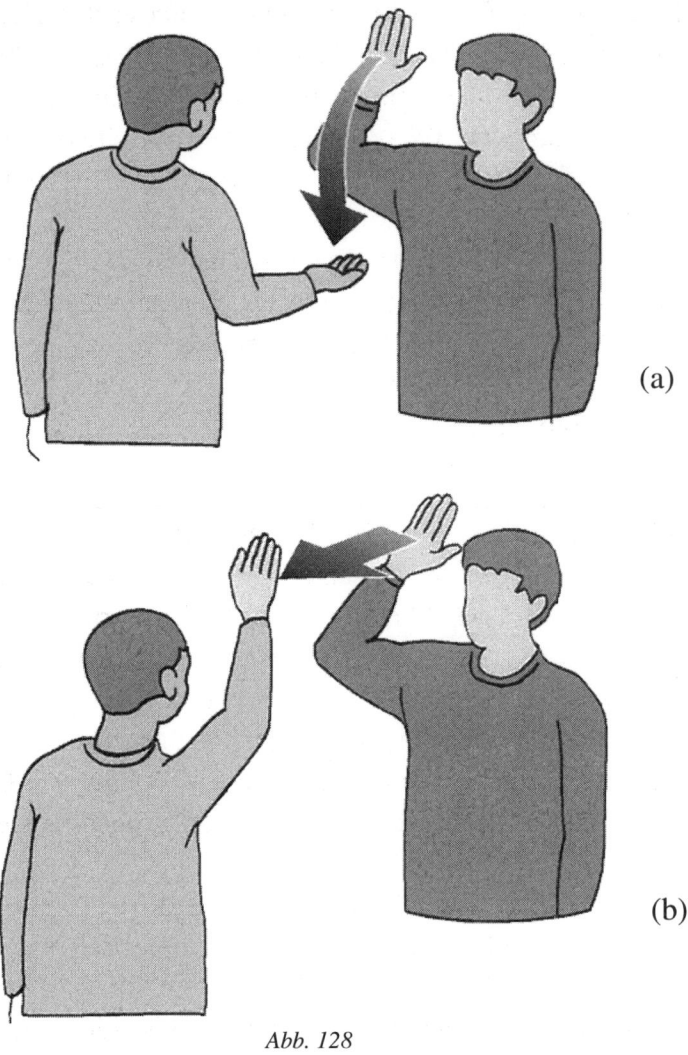

Abb. 128

Eine Form allgemeiner Einigkeit und Einheit, insbesondere innerhalb geschlossener Gruppen wie Cliquen oder einer Sportmannschaft, wird durch das gegenseitige Aufeinanderschlagen der Handflächen symbolisiert. Der Empfänger streckt seine Hand mit der offenliegenden Handfläche dazu entweder waagerecht (a) oder senkrecht (b) aus und empfängt den Handschlag des anderen. Bei der waagerechten Handhaltung tauschen Empfänger und Schläger danach noch einmal die Rollen. Diese Handgeste kann als übersteigertes Händeschütteln verstanden werden, das durch eine übertrieben starke Ansatzbewegung zustande gekommen ist. In erster Linie kann man sie als ein Zeichen des gemeinsamen Erfolgs, insbesondere beim Sport, beobachten, wenn beispielsweise ein Tor gefallen ist. Entstanden ist die Geste im amerikanischen Raum, hat sich aber im Lauf der letzten Jahre durch Film und Fernsehen auf der ganzen Welt ausgebreitet.

• **Tip: Körpersprache bewußt einsetzen**
Um bei Ihren Verhandlungen etwas zu bewirken, sollten Sie Ihre Meinung auch körpersprachlich klar vertreten. Nur so kann der Gesprächspartner Ihren wahren Standpunkt frühzeitig und unmißverständlich erkennen.
– Stimmen Sie mit der Meinung des anderen überein, dann zeigen Sie Ihren Standpunkt durch zustimmende Gesten, eine offene Körperhaltung und durch nachahmendes Verhalten (siehe »Nachahmung«, S. 150).
– Weichen Ihre Ansichten ab, dann nehmen Sie auch die dazu passende Körperhaltung ein. Beobachten Sie Ihr Gegenüber, ob sich seine Haltung mit Ihrer Argumentation ändert. So merken Sie schnell, ob Sie auf dem richtigen Pfad sind.
– Haben Sie die eindeutig bessere Position während einer Verhandlung, dann achten Sie darauf, Ihr Verhalten gerade nicht an den Gesprächspartner anzupassen, sondern selbstbewußt (siehe »Selbstbewußtsein«, S. 176) und authentisch aufzutreten. Sie werden gewinnen!

Unaufmerksamkeit

Es ist unmöglich, allen Ereignissen dieselbe Aufmerksamkeit zu schenken, da wir damit schlicht überfordert wären. Fast alle Tätigkeiten beinhalten zum Teil immer wiederkehrende Handlungsabfolgen, die längst zur Routine geworden sind. Sie ermöglichen den reibungslosen Ablauf, ohne ständig neu darüber nachdenken zu müssen. Ein Autofahrer muß beispielsweise nicht mehr überlegen, wie er den Blinker zu setzen oder die Kupplung zu treten hat.

Sehr ähnlich wie mit den einstudierten Bewegungsabläufen verhält es sich auch mit den Gedanken. Alles, was wir bislang noch nicht gehört oder erfahren haben, birgt in sich den Reiz des Neuen und ist deshalb zuerst einmal interessant. Im Gegensatz dazu fällt es schwer, bei einer Sache zu bleiben, wenn wir meinen, alle Zusammenhänge schon zu kennen. Die Gedanken suchen sich dann schnell interessantere Themen und schweifen zusehends vom gegenwärtigen Geschehen ab. Eine besonders ausgeprägte Form der Unaufmerksamkeit bildet dabei die Langeweile (siehe S. 130), bei der wir uns innerlich schon völlig abgewandt haben.

Für den Vortragenden, wie letztlich auch für den Zuhörer, ist das frühzeitige Erkennen solcher geistiger Ermüdungszustände außerordentlich wichtig, weil er dadurch die Möglichkeit hat, seine Gesprächstaktik rechtzeitig zu ändern, wovon schließlich beide profitieren.

Die Körpersignale, die wir unwillkürlich aussenden, wenn unser Interesse schwindet, lassen sich aus der geistigen Haltung ableiten, die wir in diesen Momenten eingenommen haben. Immer wenn wir mit unseren Gedanken gerade woanders sind, zeigt der Leib die gleiche Vorliebe und nimmt Positionen ein, die sich vom Geschehen abwenden:

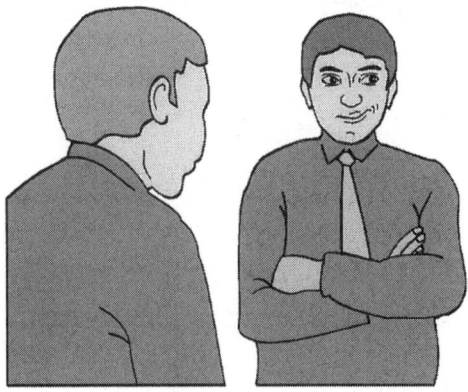

Abb. 129

– Der Blick einer unaufmerksamen Person sucht sich häufig andere Reize, bei denen er dann auch die meiste Zeit verweilt.
– Der Kopf wird oftmals vom Geschehen abgewandt.
– Ein weiteres deutliches Signal geistiger Abwesenheit ist das einseitige, schiefe Lächeln.
– Ein Indiz für das Interesse ist die Größe der Pupille, die sich mit schwindender Aufmerksamkeit völlig unwillkürlich verkleinert.

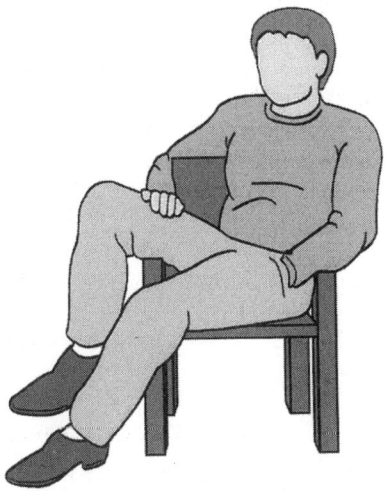

Abb. 130

Neben den gerade beschriebenen Kopf- und Gesichtsmerkmalen zeugt auch ein betont lässig zurückgelehnter Körper von mangelnder Präsenz. So eine laxe Haltung ist für gewöhnlich nur bei Männern zu beobachten, bei denen sich die Spannungslosigkeit einer Situation völlig auf den Körper übertragen hat.

• **Tip: Körpersprache bewußt einsetzen**
Versuchen Sie, Ihren Gesprächspartner am Ball zu halten, indem Sie folgendes beachten:
– Sprechen Sie auch mit dem Körper, und verwenden Sie zur Untermalung Ihrer Worte ausdrucksstarke Gesten.
– Halten Sie lebendigen, aber nicht ständigen Augenkontakt mit Ihrem Gegenüber, und finden Sie dabei den Mittelweg zwischen Festhalten und der Überlassung des nötigen Freiraums.
– Setzen Sie während des Gesprächs Akzente auf wichtige Sachverhalte, indem Sie gezielt Lautstärke und Betonung verändern.
– Sprechen Sie nicht unablässig, sondern geben Sie Ihrem Gesprächspartner durch Pausen Zeit, Ihre Worte zu verarbeiten.
– Suchen Sie den Dialog, nicht den Monolog! Stellen Sie gelegentlich Zwischenfragen, und erkundigen Sie sich nach der Meinung Ihres Gesprächspartners.

Uneinigkeit

Die Welt wäre reichlich langweilig, wenn alle die gleichen Ansichten hätten. Da das jedoch keineswegs so ist, haben wir nicht nur jede Menge Mord und Totschlag auf der Erde, sondern es glücklicherweise auch mit einem Phänomen zu tun, das man

Entwicklung nennt, denn ohne das konstruktive Aufeinander-
treffen verschiedener Ansichten gäbe es auch keinen Fortschritt.

Obwohl Meinungsverschiedenheiten so gesehen natürlich
auch einen positiven Aspekt haben, fühlen wir uns bei Ausein-
andersetzungen doch im ersten Augenblick eher angegriffen als
geschmeichelt und reagieren darauf auch mit entsprechend
abgrenzenden und ablehnenden Körpersignalen. Ein Kleinkind,
das satt ist und nichts mehr essen möchte, zeigt die Ablehnung
weiterer Nahrung durch das Abwenden des Kopfes. Wir führen
mit einem Kopfschütteln dieselbe Geste vor, die besagt, daß wir
uns weigern, die Argumente des Gesprächspartners zu akzeptieren.

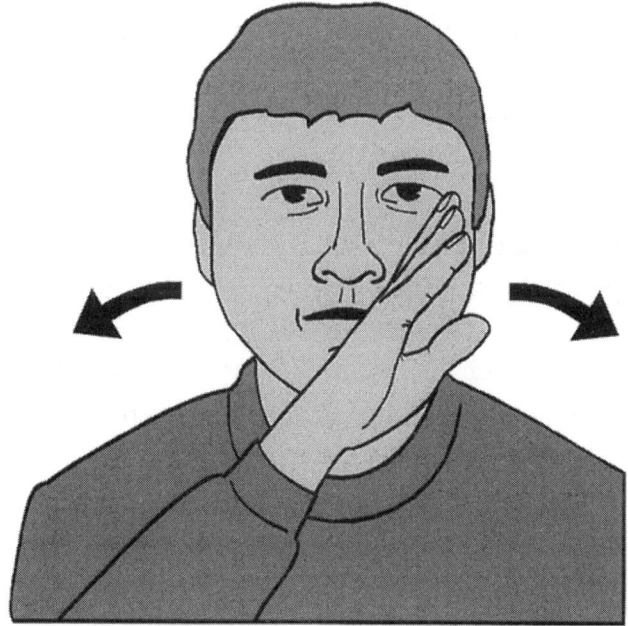

Abb. 131

So wie das verneinende Kopfschütteln in anderen Ländern, wie
beispielsweise in Indien, die völlig gegensätzliche Bedeutung

haben kann (siehe »Übereinstimmung«, S. 190), wird es in Japan durch die Handgeste 131 ersetzt. Die rechte Hand wischt bei dieser Bewegung mit der zur Seite weisenden Handfläche wie ein Scheibenwischer vor dem Gesicht hin und her, so als wolle der Betreffende das Gehörte buchstäblich zur Seite schieben.

Abb. 132

Mit den Händen wird hier eine Barriere vor dem Oberkörper errichtet. Mit dieser sehr anschaulichen Handhaltung verschließt sich der Zuhörer offensichtlich gegen die Meinung des anderen. Würde man sie in Worte fassen, so könnte man diese Geste in etwa mit folgenden Sätzen umschreiben: »Das ist mein letztes Angebot. Bis hier komme ich Ihnen gerne entgegen, aber mehr kann ich wirklich nicht tun.«

Abb. 133

Eine generell abwehrende Körperhaltung bilden auch die vor dem Oberkörper verschränkten Arme. Diese Rückzugs-Armhaltung nehmen wir immer dann ein, wenn wir uns in Angriffssituationen in die Enge gedrängt fühlen. So kann man sie häufig in überfüllten Fahrstühlen sehen, wo unser Revier verletzt wird (siehe »Abstand«, S. 40), oder wenn unser Ego bedroht ist. Die Geste ist auch die typische Armhaltung eines trotzigen Kindes, die ganz analog dazu von unterlegenen Personen eingenommen wird, wenn sie nicht mit der Meinung einer dominanten Person einverstanden sind.

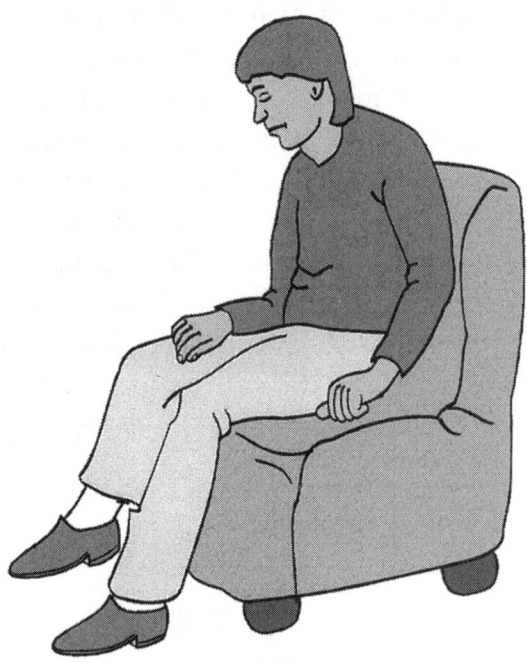

Abb. 134

Bestehende Einwände, die nicht ausgesprochen werden, werden manchmal dadurch signalisiert, daß der Zuhörer seinen Blick nach unten auf den Boden oder auf seine Hose richtet und beginnt, an der Kleidung herumzuzupfen, so als wolle er störende Fussel entfernen. Durch dieses abgewandte Verhalten versucht er, seine wahre Intention vor dem Redner zu verbergen, da er zu diesem Zeitpunkt seine Bedenken noch nicht offenbaren möchte.

Unsicherheit

Wem sie früher noch nicht begegnet ist, der hat spätestens bei beginnender Pubertät intensiv Bekanntschaft mit der Unsicherheit gemacht, die in dieser Entwicklungsphase oftmals die bedrohlichen Ausmaße quälender Selbstzweifel annimmt. Neben diesen eher unangenehmen Zuständen der Selbst(un)-sicherheit, denen ein mehr oder weniger stark ausgeprägtes Ego-Defizit zugrunde liegt, gibt es auch die zumeist eher harm-losen Fälle von Unsicherheit, die darauf beruhen, etwas nicht zu wissen. Einmal abgesehen davon, daß es natürlich unange-nehme Konsequenzen haben kann, Dinge nicht zu wissen, die man wissen sollte, gestehen wir diese Tatsache im allgemeinen wesentlich lieber ein, als anderen unsere persönliche Unsicher-heit und damit natürlich Verletzlichkeit zu offenbaren. Wie immer spiegelt unser Körper diesen Wissens-Zustand durch seine Haltung wider.

Abb. 135

»Ich weiß es nicht!« Diese weitverbreitete Geste mit den nach oben zuckenden Schultern, bei der die geöffneten Arme mit den nach oben gerichteten Handflächen unterstützend mitgezogen werden, ist der typische Ausdruck des Bedauerns, mit etwas nicht dienen zu können. Der entschuldigende Ausdruck entsteht durch das gleichzeitige Herabziehen beider Mundwinkel und das Anheben der Augenbrauen; zusätzlich kann auch der Kopf leicht zur Seite geneigt werden.

Abb. 136

Eine ähnliche Geste des Nicht-Wissens ist das Heben beider Hände. Hier weisen die Handflächen ebenfalls nach oben, und die Krümmung der Finger nimmt vom Zeigefinger bis zum kleinen Finger zu. In der Regel wird hierbei kein »Trauergesicht« aufgesetzt, sondern eher nüchtern festgestellt: »Keine Ahnung. Nicht mein Problem!« Ursprünglich gab es diese Handhaltung ausschließlich in westlichen Ländern, mittlerweile kann sie aber, aufgrund des wachsenden kulturellen Austauschs, auch in Japan gesehen werden.

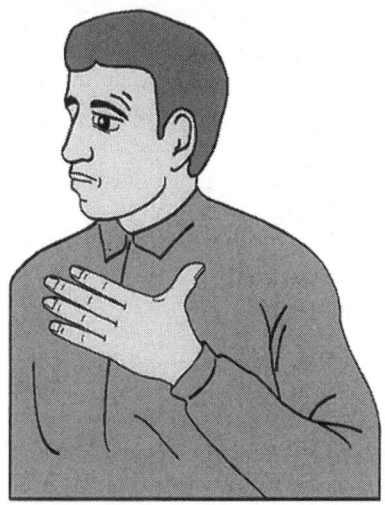

Abb. 137

Fühlen wir uns verunsichert, etwa auf eine Anschuldigung hin, so kann es vorkommen, daß wir uns mit der Bedeutung »Was? Ich?« spontan die Hand auf die Brust legen, die im Altertum als Sitz der Seele galt (Abb. 137).

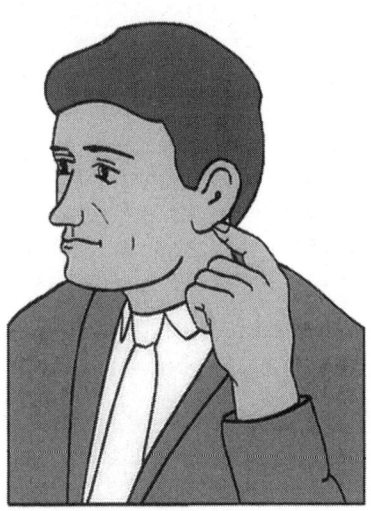

Abb. 138

Kleine Unsicherheitsgefühle, bei denen wir uns in der eigenen Haut nicht recht wohl fühlen, weil wir uns beispielsweise in einer schwächeren oder unterlegenen Position sehen, machen uns verletzlich gegenüber möglichen Angriffen. Obwohl wir aus diesem Grund meist versuchen, solche Gemütsregungen nach außen hin so gut wie möglich zu verbergen, senden wir doch unbewußt Körpersignale wie das unscheinbare Kratzen unter dem Ohr aus, die unsere Unsicherheit verraten (Abb. 138).

Abb. 139

Eine weitere Verlegenheitsgeste ist das nur angedeutete oder getarnt ausgeführte schützende Vorhalten der Arme. Indem eine Hand den anderen Arm über dem Ellbogen ergreift, wird im Gegensatz zu den voll verschränkten Armen nur eine halbe Barrikade vor dem Oberkörper errichtet. Eine Haltung, die nicht direkt abwehrend ist, aber doch eine Gefühl der Sicherheit vermittelt.

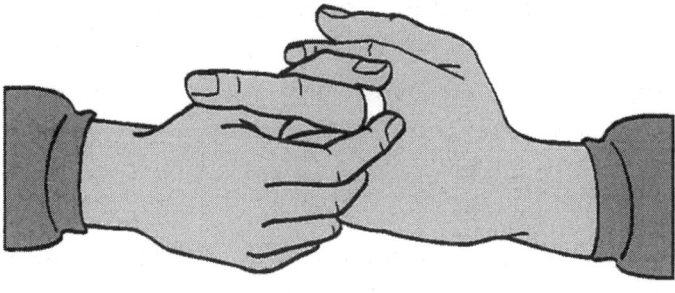

Abb. 140

Eine weitere Möglichkeit, sich unbemerkt hinter den Armen zu verstecken, besteht darin, einen Hemdsärmel herauszuziehen oder die Hände aus irgendeinem Grund zueinanderzuführen, wie durch das Spielen mit einem Ring, der Armbanduhr.

• Tip: Körpersprache bewußt einsetzen
Vermeiden Sie unterschwellige Signale der Schwäche, wenn die Gefahr besteht, daß man sich zum Beispiel im Rahmen schwieriger Verhandlungen Ihre Unsicherheit zunutze machen könnte. Zeigen Sie statt dessen durch den Einsatz selbstbewußter Körpersprache (siehe »Selbstbewußtsein«, S. 176), daß Sie der Lage gewachsen sind, und sprechen Sie Konfliktpunkte frühzeitig an, um sie aus dem Weg zu räumen und so der Unsicherheit den Boden zu entziehen.

Wenn Sie in der dominanten Position sind und bei Ihrem Gesprächspartner Anzeichen der Verlegenheit entdecken, zeigen Sie ihm Ihre Akzeptanz durch eine bewußt offene Körperhaltung (siehe »Offenheit«, S. 160) und ein »entwaffnendes« Lächeln. Achten Sie auch darauf, den korrekten Abstand zu wahren und ihn nicht noch weiter in die Enge zu treiben, in der er schon zu sein glaubt.

Unterstützung

Wenn man zu zweit mit dem neuerworbenen Wohnzimmer-
schrank zu Hause angekommen ist und feststellen muß, daß
sich das gute Stück nicht im mindesten in die Ecke bewegen
will, die man ihm zugedacht hat, bekommt das Wort Unterstützung plötzlich eine ganz neue Dimension. Neben der in diesem
Fall gefragten »tatkräftigen« Unterstützung gibt es auch die
eher ideelle Form der seelischen Unterstützung, die wir im lapi-
darsten Fall durch ein »Viel Glück!« ausdrücken.

Durch unsere hilfreiche Zuwendung zeigen wir, daß es uns
nicht egal ist, was mit jemandem geschieht, und erklären uns
durch unsere Anteilnahme mit ihm solidarisch. Die hergestellte
Verbindung zwischen dem Hilfebedürftigen und dem Helfer
spiegelt sich auch in den Gesten wider, mit denen wir unseren
Beistand zum Ausdruck bringen, denn in den allermeisten Fällen halten wir direkten Körperkontakt zu der anderen Person.

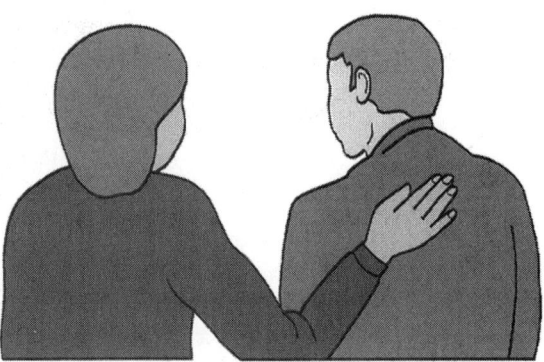

Abb. 141

So eine angedeutete Umarmung, bei der die Hand zwischen den
Schulterblättern auf dem Rücken ruht, wird sowohl von Männern als auch von Frauen als Zeichen des Mitempfindens gedul-
det, da keine sexuelle Annäherung mit dieser Geste verbunden

ist. Das Handauflegen kann in der Regel nur kurz vor oder während eines gemeinsamen Ganges beobachtet werden, muß aber nicht zwingend mit betrüblichen Anlässen einhergehen. Im Rahmen von Veranstaltungen kann beispielsweise der Gastgeber einen Gast auf die gleiche Weise vorstellen oder in eine Gruppe einführen.

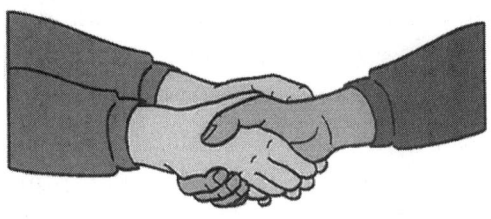

Abb. 142

Diese Art des Händeschüttelns, bei dem beide Hände eine Hand umschließen, kann neben der Bedeutung des energischen, herzlichen Grußes auch tiefe Anteilnahme bezeugen.

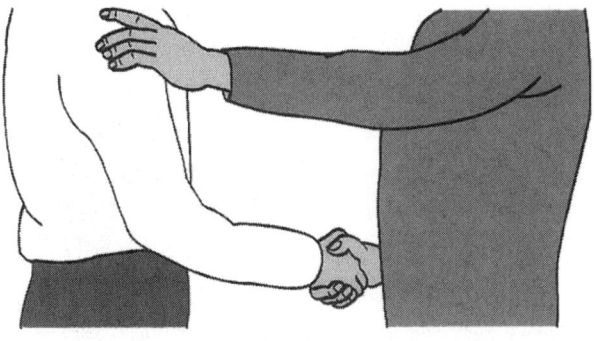

Abb. 143

Als eine Variante der vorhergehenden Geste ist es auch weit verbreitet, während des Händeschüttelns eine Hand auf die Schulter des anderen zu legen. Beide Grußformen unterscheiden sich in ihrer Bedeutung durch die Vehemenz, mit der sie durchgeführt werden, wobei natürlich auch immer der jeweilige

Zusammenhang beachtet werden muß. Während beim dominanten Willkommensgruß temperamentvoll die Hände geschüttelt werden, handelt es sich im anderen Fall eher um einen einmaligen, langanhaltenden Händedruck.

Abb. 144

Eine insbesondere unter Paaren und guten Freunden weitverbreitete Geste des Trostes soll dazu ermutigen, den Kopf nicht länger hängen zu lassen (siehe »Trauer«, S. 187). Dazu hebt der Trostbringer sanft mit seinem Zeigefinger das Kinn des/der Unglücklichen an, um symbolisch auszudrücken: »Kopf hoch, es wird schon wieder.«

• Tip: Körpersprache bewußt einsetzen
Scheuen Sie sich nicht, auch selbst einmal eine starke Hand zu reichen und damit Ihre Anteilnahme zu zeigen. So eine Geste der Nächstenliebe erleichtert nicht nur Zeiten der Not, sondern auch den harten Arbeitsalltag. Im Rahmen der Mitarbeitermotivation kann dadurch gerade bei anstrengenden

---

Team-work-Projekten sehr viel Spannung durch neues Vertrauen ersetzt werden. Sie werden überrascht sein, wie schnell sich das verbesserte Arbeitsklima positiv in Form einer effizienteren Zusammenarbeit und damit höheren Produktivität auswirkt.

Verlegenheit

Es kommt immer mal vor, daß uns ein kleines oder auch größeres Mißgeschick unterläuft, das dann dummerweise auch noch von allen anderen bemerkt wird. Sind wir ins Fettnäpfchen getreten, macht sich in uns sogleich das bekannte Gefühl der Verlegenheit breit, bei dem wir am liebsten im Boden versinken würden. Neben dieser Ursache gibt es aber auch noch andere Gründe, aus denen man sich bisweilen verlegen fühlt. Auch in diesen Situationen fühlen wir uns ertappt, weil wir etwas preisgegeben haben, was wir eigentlich (noch) verbergen wollten, wie zum Beispiel Zuneigung. So wäre es beispielsweise denkbar, daß wir in einem Café eine unglaublich interessante Person entdecken, von der wir kaum den Blick lassen können. Scheinbar unbemerkt taxieren wir das fremde Wesen, bis uns durch den unvermittelten Gegenblick klarwird, daß wir durchschaut wurden und unser Interesse offensichtlich ist. Plötzlich aus der Sicherheit gerissen, kann es da durchaus passieren, daß wir einen roten Kopf bekommen.

In Verlegenheit gebracht, fühlen wir uns in unserer Haut nicht wohl, was sich auch körperlich bemerkbar macht. Das untrüglichste Merkmal ist dabei der schon erwähnte rote Kopf – ein Resultat unseres autonomen Nervensystems, das uns als Antwort auf die plötzliche Erregung das Blut in den Kopf schießen läßt.

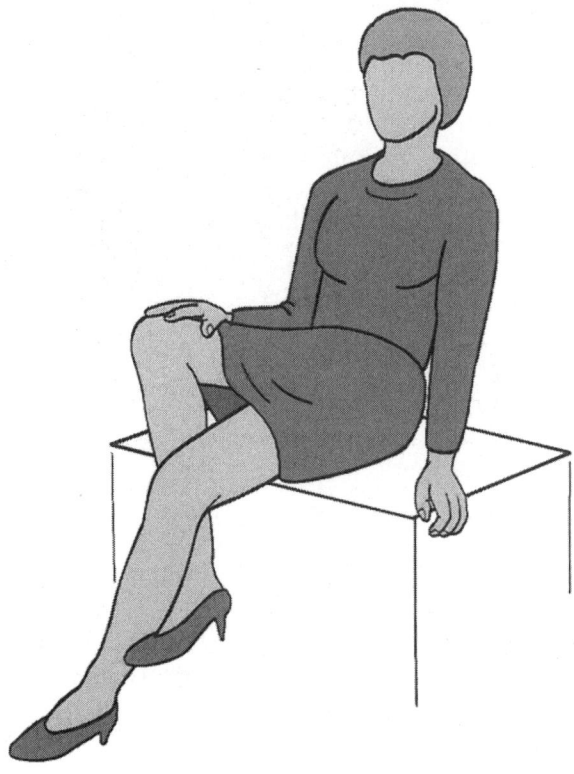

Abb. 145

Das Unbehagen eines Menschen kann man ihm weltweit auch durch diese Fußhaltung ansehen, die unabhängig von der übrigen Körperhaltung oder den verbalen Äußerungen ein recht eindeutiges Körpersignal ist. Die sitzende Person klemmt hierbei einen Fuß fest hinter die Wade des anderen Beins. Die Aussage dieser Fußstellung ist, wie alle Bein- und Fußbewegungen, auf jeden Fall ein ehrliches Körpersignal, da sich diese Körperteile im Gegensatz zu denen des Oberkörpers einer bewußten Kontrolle weitgehend entziehen. Durch das Festklemmen empfindet der Verlegene den nötigen Halt und die Sicherheit, die er innerlich bereits verloren hat.

Abb. 146

Ein kurzer, scheuer Blick, der gleich wieder abgewandt wird, soll nach Möglichkeit nichts davon verraten, wie es um die eigene Selbstsicherheit bestellt ist. Einer der häufigsten Gedanken nach so einer Geste dürfte wohl sein: »Hoffentlich hat er/sie nichts gemerkt.«

• Tip: Körpersprache bewußt einsetzen
Nicht immer besteht tatsächlich ein Grund, verlegen zu reagieren, auch wenn Sie das in dem Augenblick so empfinden mögen. Oft ist es so, daß wir durch unser verlegenes Verhalten erst richtig auf uns aufmerksam machen, obwohl sonst niemandem etwas Außergewöhnliches aufgefallen wäre.

Ein gewisses Maß an Scheuheit ist durchaus reizvoll und eine sehr liebenswerte Eigenschaft, aber wenn Sie der Meinung sind, davon zuviel erwischt zu haben, und der Kopf gar nicht mehr »abkühlen« will, sollten Sie versuchen, etwas selbstbewußter zu werden. Das ist natürlich kein leicht zu erreichendes Ziel. Sie können aber die ersten Hürden dadurch nehmen, daß Sie Ihren Körper bewußt beobachten, wenn sich die Befangenheit wieder bemerkbar macht, und dann ganz gezielt Signale des Selbstbewußtseins aussenden (siehe »Selbstbewußtsein«, S. 176). Machen Sie sich keine unnötigen Gedanken über Ihr Bild in der Öffentlichkeit, denn schließlich ist niemand perfekt, und das wird auch nicht von Ihnen verlangt. Atmen Sie statt dessen tief durch, entspannen Sie sich, und denken Sie sich, daß es das nächste Mal schon bessergehen wird, weil Sie langsam lernen, immer besser mit solchen Situationen umzugehen.

Verschlossenheit

Es ist ein natürliches Anliegen, sich selbst, die eigene Privatsphäre sowie die persönlichen Interessen vor Beeinträchtigungen zu schützen (siehe »Abgrenzung«, S. 23). Bei der Wahrung dieser Belange geschieht es nicht selten, daß wir mentale Grenzen ziehen und uns gegenüber uns unangenehmen Menschen und Meinungen verschließen. Haben wir erst einmal dichtgemacht, so sind wir für die andere Person nicht mehr offen, sondern zeigen nur noch begrenzt die Bereitschaft für einen gegenseitigen Austausch.

In genau der gleichen Weise reagiert auch der Körper auf unsere Geisteshaltung und verschließt sich gegenüber dem unerwünschten Einfluß.

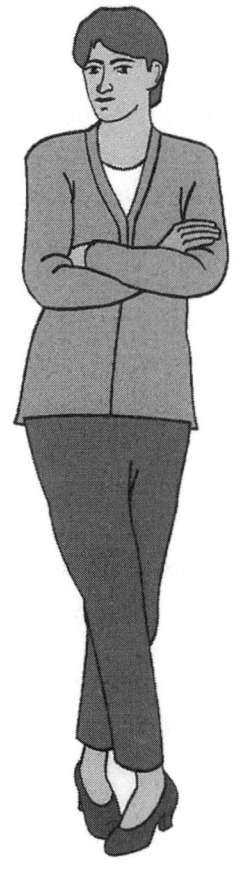

Abb. 147

Diese sehr geschlossene und in sich zurückgezogene Körperhaltung signalisiert nach außen eindeutig, daß keinerlei Kontakt erwünscht ist. Da der Blick auf den Boden gerichtet ist, werden Annäherungsversuche von vornherein abgeblockt. Die fest vor der Brust verschränkten Arme verbarrikadieren das Ego vor der Außenwelt und bilden zusammen mit den gekreuzten Beinen einen doppelt dicken Panzer. Die überkreuzten Beine bieten hier sehr wenig Standhaftigkeit und deuten in dieser Situation auf eine momentan labile Wesenshaltung hin.

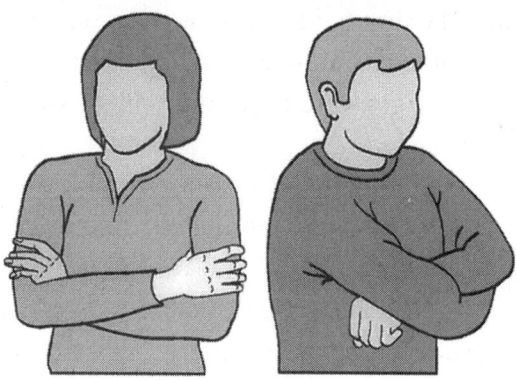

Abb. 148

Eine ähnlich abgrenzende Haltung sind die gekreuzten Arme, bei denen die Hände die Oberarme umgreifen. Sie ist nicht so endgültig ablehnend wie die verknoteten Arme, sondern läßt sich relativ leicht wieder lösen und somit die Möglichkeit einer raschen Öffnung zu. Personen mit dieser Armhaltung sind zwar verschlossen, hören aber noch genau zu und wären durchaus bereit für eine Öffnung, wenn sich die Gegebenheiten etwas verändern (Abb. 148).

Abb. 149

Auf Abbildung 149 sind beide Personen in zwei völlig verschiedenen Welten. Entweder kennen sie sich überhaupt nicht, oder
sie hatten einen heftigen Streit, der die vollständige Abwendung
vom Partner nach sich zog.

Beide Körper sind voneinander abgewandt; die Köpfe blicken
in jeweils entgegengesetzte Richtungen. Indem der Mann sein
der Frau zugewandtes Bein in die konträre Richtung überge-
schlagen hat, hat er sie aus seinem Feld ausgegrenzt. Beide Personen demonstrieren, daß kein Interesse am jeweils anderen
besteht.

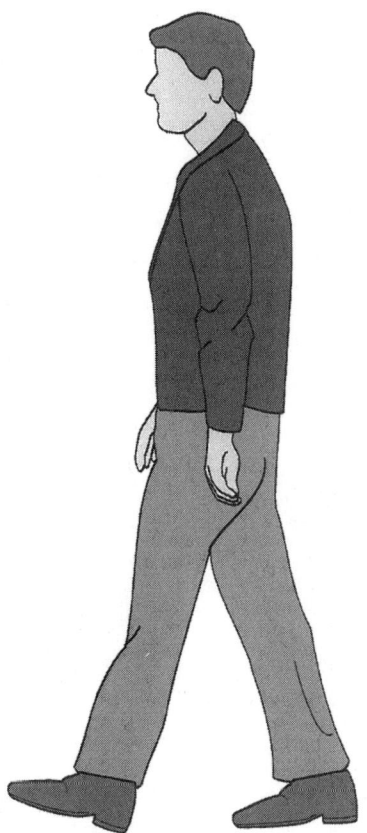

Abb. 150

Wer wie auf Abbildung 150 geht, hat etwas zu verbergen. Die Handrücken sind hier unnatürlich angespannt nach vorne gedreht, was den direkten Blick auf die Handflächen unmöglich macht. Im Gegensatz zum offenen Menschen möchte sich dieser nicht in die Karten schauen lassen, sondern nach Möglichkeit verheimlichen, welche Trümpfe er in der Hand hat.

• Tip: Körpersprache bewußt einsetzen

Wie immer hängt es natürlich sehr von der Situation und Ihrem Fingerspitzengefühl ab, wie Sie mit der Verschlossenheit eines Menschen umgehen. Auf der einen Seite ist der dezente Rückzug angebracht, wenn ein Kontakt definitiv nicht erwünscht ist, auf der anderen Seite können Sie durch Ihr Verhalten eine Öffnung erleichtern, wenn dafür prinzipiell Bereitschaft besteht.

In diesem Fall sollten Sie betont offen (siehe »Offenheit«, S. 160) auf den anderen zugehen und ihm durch Ihr Verhalten zeigen, daß er bei Ihnen »sicher« ist.

Achten Sie aber auch besonders darauf, einfühlsam vorzugehen, keine dominanten Gesten (siehe »Dominanz«, S. 83) zu verwenden und den richtigen Abstand zu halten. Geben Sie dem anderen Raum, aus sich herausgehen und einen Schritt auf Sie zu machen zu können.

Weibliche Flirtsignale

Will eine Frau einem Mann, den sie attraktiv findet, deutlich machen, daß sie Interesse für ihn verspürt, kommt in unserer Gesellschaft ein geschlechtsspezifisches Problem auf sie zu. Völlig unabhängig davon, wie offen und kontaktbereit sie auch sein mag, muß sie die Gratwanderung vollführen, einerseits ihre Interessen so klar wie möglich zu signalisieren und andererseits ihr Gesicht in der Öffentlichkeit zu wahren. Denn in dem Augenblick, da offenbar wird, daß sie leicht zu haben ist, verringert sich ihr Wert. Während ein Mann, der den Frauen ungeniert den Hof macht, als Herzensbrecher oder Charmeur bewundert wird, werden Frauen, die gern und viel flirten, leider immer noch eindeutig weniger schmeichelhafte Bezeichnungen zugedacht.

Durch diese gesellschaftlichen Zwänge unter Druck gesetzt, haben es Frauen im Laufe der Jahrhunderte gelernt, ihre Körperbotschaften auf sehr subtile und differenzierte Art an den Mann zu bringen, und sie verfügen darüber hinaus auch über ein viel feineres Gespür für die Körpersignale des Mannes als der Mann für ihre.

Während männliche Flirtsignale weltweit relativ ähnlich sind, unterliegen weibliche Flirtaufforderungen sehr starken kulturellen Schwankungen. So ist beispielsweise für einen Nordeuropäer oder Amerikaner der stolze Gang einer südamerikanischen jungen Frau, die dabei selbstbewußt ihre Hüften wiegt, eine klare Aufforderung zum Flirt, während ihre Landsmänner genau wissen, daß auch in diesem Fall enge Grenzen gezogen sind. Gerade in romanischen Ländern unterliegen sexuelle Annäherungen oft einem starken Moralkodex, der Frauen vor physischen Annäherungsversuchen schützt, weshalb sie dort gefahrlos auch wesentlich eindeutigere sexuelle Signale zeigen können. In Ländern, die in dieser Hinsicht weniger Sicherheit bieten, zeigt sich die Frauenwelt deshalb ein wenig bedeckter.

Um die Flirtsignale einer Frau richtig deuten zu können, sei hier nochmals darauf hingewiesen, daß zur korrekten Beurteilung einer Handlung immer die Gesamtheit des Körpers betrachtet werden muß. Sie sollten die Person auch unbedingt vorher einige Zeit beobachten, um einen Eindruck davon zu bekommen, wie sie sich im allgemeinen bewegt und welche

Verhaltensweisen nur eingeübt und damit nicht aussagekräftig sind.

Ein altbewährtes Mittel, Männern den Kopf gründlich zu verdrehen, sind die Blicke einer Frau, die sie niemals so offen und aggressiv einsetzen würde wie ein Mann, sondern wesentlich feinsinniger und überdies auch wesentlich wirkungsvoller.

Dem Mann wird ein sehr kurzer Blick direkt in die Augen geschenkt; sofort danach wendet sich die Frau ab. Für Männer wirkt so ein kurzer Moment der Aufmerksamkeit wie ein verstecktes Signal der Bewunderung: »Sie hat mich entdeckt, ich bin ihr aufgefallen!« Dummerweise kann diese Geste aber auch das genaue Gegenteil, also Ablehnung, bedeuten oder aus Nervosität entstehen.

Abb. 151

Sie wirft ihm einen lange andauernden Blick über eine hochgezogene Schulter zu. Die Rundung der hochgezogenen Schulter erinnert an einen Busen; das Kinn wird durch sie ein wenig
verborgen, wodurch für den Mann der Eindruck einer eindeutig
sexuell einladenden Geste entsteht. Die Frau zeigt starkes Interesse durch ihren außergewöhnlich langen Augenkontakt, dem
der Mann unbedingt standhalten sollte, wenn er ihre Aufmerksamkeit erwidern möchte.

Mit gesenktem Kopf blickt sie den anderen von der Seite an.
Dieser Gesichtsausdruck wirkt kokett-scheu, was je nach Situation einen ermunternden oder verunsichernden Effekt haben
kann. In diesem Ausdruck vereint sich ein herausfordernder
Blick mit der scheuen Demut des gesenkten Hauptes. Die
Offenheit des direkten Blickkontakts wird hier durch eine Geste
der Schamhaftigkeit vermieden, was diesem Ausdruck einen
eigenartig doppeldeutigen Charakter verleiht.

Die Art und Weise, in der sich eine Frau bewegt, sitzt oder
steht, verrät ebenfalls eine ganze Menge über ihre Absichten.
Allein durch eine bestimmte Körperhaltung kann der geübte
Vamp Männerblut in Wallung versetzen.

Der Gang mit wiegenden Hüften wirkt dabei besonders attraktiv, weil er einen unübersehbaren Akzent auf die Geschlechts-
teile setzt. Diese Gangart ist allerdings zum Teil schon so in das
normale Verhalten integriert, daß nicht immer die Aufforderung
zum Flirt damit verbunden sein muß.

Sexuell aggressive männliche Körperhaltungen können auch
bei Frauen beobachtet werden, die sich breitbeinig hinstellen,
-setzen oder einen Daumen in den Gürtel stecken (siehe
Abb. 92, »Männliche Flirtsignale«, S. 139).

Abb. 152

Finden wir jemanden anziehend, geben wir uns selbst öfters unbewußte Streicheleinheiten. Gedankenverlorenes Streichen über das eigene Bein oder die Oberschenkel zeigt unseren Wunsch nach zärtlicher Berührung.

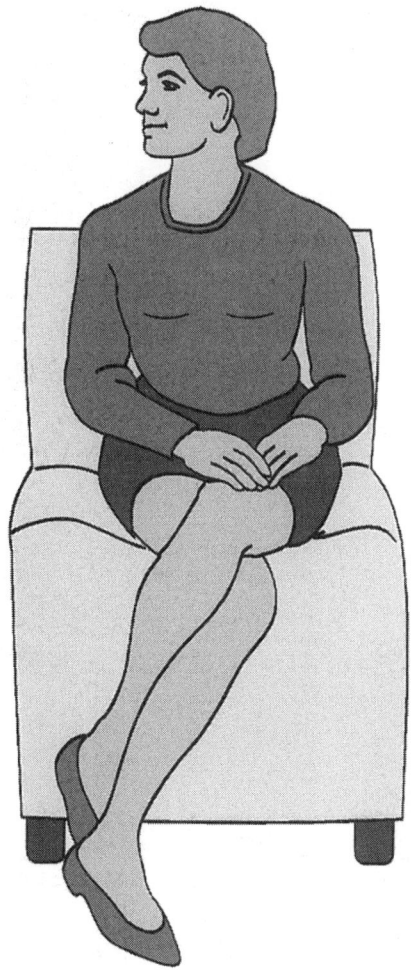

Abb. 153

Bei dieser Haltung mit umeinandergeschlungenen Beinen befindet sich der ganze Körper in Anspannung. Die erhöhte Muskelspannung der Beine und des Unterleibs erinnert an die Hochspannung bcim Geschlechtsverkehr und wirkt deshalb sexuell einladend auf den Mann. Die Haltung kann aber auch Abwehr, Nervosität oder Schamgefühl andeuten.

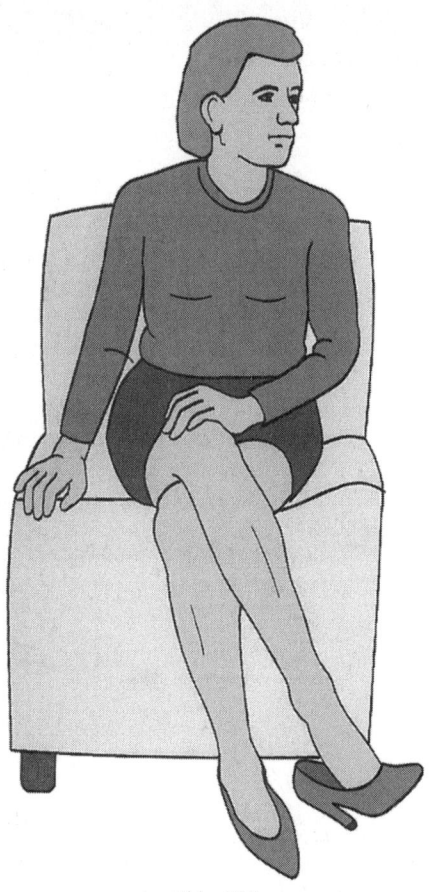

Abb. 154

Durch sanftes Auf- und Abwippen des halbausgezogenen Schuhs werden kleine stoßende Bewegungen vollzogen, die Verhaltensforscher mit denen des Geschlechtsakts in Verbindung setzen. Allerdings äußern sich auch Nervosität oder Ungeduld in den gleichen Mustern.

Kopfsignale wie das Zurückwerfen der Haare geben das Gesicht für die uneingeschränkte Bewunderung des Mannes frei, der sich dadurch ermutigt fühlen darf, ihr Komplimente zu machen. Gesten wie das Glattstreichen der Haare und das

Befeuchten der Lippen, ein Sinnbild sexueller Stimulation, können in gleicher Weise beim flirtenden Mann beobachtet werden (siehe »Männliche Flirtsignale«, S. 139).

Abb. 155

Deutliche Zeichen der Hingabe sind auch die Zurschaustellung verwundbarer und erogener Körperteile, wie die Innenseite des Handgelenks oder der seitlichen Halspartie bei leicht zurückgelehntem Kopf.

Zu diesen Handlungen, die den unausgesprochenen Wunsch nach Liebkosung offenbaren, zählen auch Fingerspiele, die am ehesten während einer angeregten Unterhaltung zu beobachten sind. Das Herumdrehen am Stiel eines Weinglases oder einer Zigarette und das Spielen mit kleinen Gegenständen wie einem Salzstreuer oder einem Kugelschreiber kann man, handelt es sich nicht um nervöse Gesten, auch als übertragene Berührungen ansehen.

Abb. 156

Auf der ganzen Welt zeigen gerade langhaarige Frauen dem anderen Geschlecht ihr Interesse gerne dadurch, daß sie an ihren Haaren herumspielen. Dabei streicht die Hand sehnsüchtig-zärtlich durch das eigene Haar, zupft daran herum oder verdreht einzelne Strähnen. Ebenso wie bei den meisten Handlungen der Körperpflege handelt es sich hier um unbewußtes Werbungsverhalten.

Die hier beschriebenen Verhaltensweisen bilden sicherlich eine gute Grundlage, um abzuschätzen, wie hoch ein Mann bei dem begehrten Wesen in der Gunst steht, erfordern in ihrer Gesamtheit aber auch ein hohes Maß an Intuition, um die richtigen Zusammenhänge herzustellen und vor allem auch den richtigen Zeitpunkt zum Handeln beziehungsweise Nicht-Handeln zu finden. Bei einem Flirt sollte auch nicht vergessen werden, daß sich eine Frau in diesem Spiel Schritte erlauben darf, die für einen Mann in derselben Situation tabu sind. Frauen, die auf Männer zugehen, dürfen ihnen buchstäblich auf den Pelz rücken, deren entstandene Unsicherheit weidlich ausnutzen und sie sogar berühren. Umgekehrt wäre eine solche aggressive

Revierverletzung eher das vorzeitige Aus für jeden Annäherungsversuch.

Im Spiel der Werbung und der Gunst bauen die Handlungen immer aufeinander auf, wobei es ein stillschweigendes Abkommen über die richtige Reihenfolge gibt. Das Durchbrechen dieser Abfolge, beispielsweise durch ein Berühren der Beine vor dem Händchenhalten, würde als respektlos empfunden und den anderen vor den Kopf stoßen. Im Flirt gibt die Frau den entscheidenden Ton an, was zulässig ist und was nicht; will der Mann erfolgreich sein, sollte er lernen, darauf zu hören.

• Tip: Körpersprache bewußt einsetzen

Liebe Damen, haben Sie bitte ein wenig Verständnis für die eingeschränkte Wahrnehmung der Männer, leisten Sie diesbezüglich etwas Nachhilfe, und zeigen Sie es ruhig, wenn Ihnen ein Mann gefällt. Denken Sie nur an all die nicht zustande gekommenen Verbindungen, die florierenden Kontaktanzeigen und den Partnervermittlungsmarkt aufgrund falsch aufgefaßter Körpersignale. Vielleicht ist das ein bißchen dick aufgetragen, aber ein wenig mehr Mut beim Flirten könnte vieles vereinfachen.

Wohlbehagen

Zu den angenehmsten Seiten des Lebens gehören jene wirklich entspannten Momente, in denen die Sorgen für eine Weile ihre Bedeutung verlieren, wir uns aller Kümmernisse enthoben fühlen und einmal nur wir selbst sein können. In solchen Mußestunden für die Seele gelingt es uns auch leichter, ständig wiederkehrende Denkmuster zu durchbrechen, den Kopf einmal ganz frei zu bekommen und dem Körper die notwendige Erholung zu geben. Sicherlich werden auch Sie diese kostbaren Stunden und das damit einhergehende sehr entspannte Körperempfinden bemerkt haben, das durch die Auflösung aller überflüssigen Anspannungen entsteht. Generell kann beobachtet werden, daß mit zunehmender Entspannung die Körperhaltungen ausladender, lockerer und weniger abwehrend sind als in Streßsituationen.

Inwieweit wir uns tatsächlich gehenlassen und eine wirklich entspannte Körperhaltung einnehmen können, hängt in großem Maße von der Situation und unserem momentanen sozialen Umfeld ab. Entscheidend für die eigene Lockerheit ist die Höhe des gesellschaftlichen Drucks, der uns immer zwingt, eine gewisse Körperspannung zu halten, da eine allzu legere Haltung von außenstehenden Personen entweder als mangelnder Respekt oder extremes Dominanzverhalten interpretiert würde.

Aus diesem Grund gelingt es eigentlich nur allein zu Hause, im Kreis der Familie oder der engsten Freunde, daß wir uns wirklich wohl fühlen und unser »ungeschminktes« Verhalten zeigen.

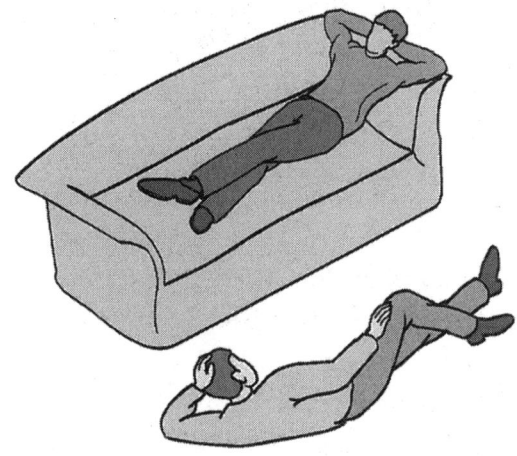

Abb. 157

In dieser entspannten, sehr geöffneten Haltung (Abb. 157) kann man sich eigentlich gar nicht unwohl fühlen. Wer so ungeschützt und verletzlich daliegt, erwartet bestimmt nichts Böses, sondern fühlt sich so sicher, daß er sogar beruhigt einschlafen könnte. Von Freizeitaktivitäten natürlich abgesehen, wird eine so vertrauensvolle Körperhaltung in der Regel nur im engsten Kreis eingenommen.

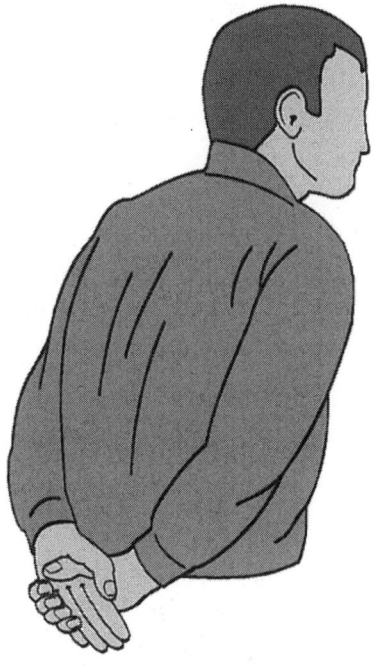

Abb. 158

Werden die Hände hinter dem Rücken ineinandergelegt, so hat das genau die entgegengesetzte Bedeutung wie die verschränkten Arme, die als Schutzbarriere und Zeichen der Abwehr dienen. Wir verzichten in diesem Fall auf jeglichen Schutz, weil wir uns sehr wohl in unserer Haut fühlen und keinerlei Bedrohung erwarten.

Abb. 159

Diese Form des Beinekreuzens, bei der beide Knie übereinander liegen, ist kein Zeichen der Abwehr, sondern signalisiert die entspannte Haltung einer Person, die es nicht eilig hat aufzubrechen. Diese Sitzhaltung kann zwar weltweit beobachtet werden, jedoch gibt es auch geschlechtspezifische kulturelle Unterschiede. Während es in Europa durchaus üblich ist, daß sowohl Männer als auch Frauen die Beine übereinanderschlagen, gilt diese Sitzposition in den Vereinigten Staaten als ausgesprochen unmännlich und ist aus diesem Grund Frauen vorbehalten.

Abb. 160

Haben Sie allen Grund, sich die Hände zu reiben, so geht es Ihnen im allgemeinen gut, und Sie fühlen sich recht wohl. Oftmals reibt man sich die Hände auch als Zeichen der Vorfreude, beispielsweise wenn man schon sehr hungrig ist und der Ober endlich mit dem heißerwarteten Essen naht. Die kurzzeitige Wärmeentwicklung beim Händereiben ist ein angenehmer Sinnesreiz, der dazu beiträgt, wach zu werden und den freudigen Moment intensiver zu genießen.

Würdigung

Durch anerkennende Gesten zeigen wir, daß uns etwas gefällt. Obwohl es natürlich auch geschieht, daß wir jemanden für seine

Taten loben, so sind es doch in erster Linie wohl meist die
Genüsse, denen wir unsere Anerkennung zuteil werden lassen.
In diesen weiten Bereich fallen ersehnte Neuerwerbungen
ebenso wie lukullische Freuden und natürlich das nicht zu ver-
gessende weite Feld der Liebe. Vor allem Männer waren schon
immer sehr erfinderisch, wenn es darum ging, einer schönen
Frau anerkennende Gesten zukommen zu lassen oder sie mit
ebensolchen bildlich zu beschreiben.

Abb. 161

Der Zusammenschluß von Daumen und Zeigefinger zu einem
vertikalen Ring als Zeichen der Anerkennung kann bis in das
erste Jahrhundert n. Chr. zurückverfolgt werden. Ursprünglich
wurde sie unterstützend zur Erklärung präziser Sachverhalte
(siehe »Konzentration«, S. 123) eingesetzt, verselbständigte
sich aber zusehends, indem sie immer dann angewandt wurde,
wenn etwas als perfekt galt. Heute ist sie in Nordamerika und
Europa als Okay-Zeichen bekannt und dort auch weit verbreitet.

In arabischen Ländern ist diese Form der Anerkennung eher selten zu sehen, weil es dort zwei sehr ähnliche, horizontal ausgeführte Gesten mit beleidigender beziehungsweise obszöner
Bedeutung gibt.

Abb. 162

Die weitverbreitete französische Art, sein Gefallen an einer
schönen Frau oder auch an einem guten Essen zu zeigen, ist der
symbolische Kuß der eigenen Fingerspitzen, weil der direkte
Kuß nicht möglich ist. Diese Geste konnte man schon zur Zeit
der alten Griechen und Römer beobachten, die damit beim
Betreten oder Verlassen eines Tempels ihren Göttern die Ehre
erwiesen. Nachdem sie anfänglich nur in sakralem Zusammenhang gebraucht wurde, fand sie langsam Verbreitung als allgemeiner Ausdruck von Schmeichelei, Bewunderung und Lob,
wurde aber über mehrere Jahrhunderte hinweg nur innerhalb
höfischer Kreise verwandt. Zu jener Zeit war die Kußhand noch

eine stark affektierte Geste, heute kann sie aber ganz alltäglich als Zeichen der Bewunderung angesehen werden.

Wut

Von allen negativen Emotionen scheint die Wut die mächtigste zu sein, denn sie hält ihre Opfer am stärksten gefangen. In ihrer Kraft einem heftigen Gewitter mit starken Schauern nicht unähnlich, fesselt sie uns durch die Spannung und Energie, die sie uns verleiht. Wie ein Wirbelsturm entlädt sich diese emotionale Urgewalt in den furchtbarsten Taten und zerstört in Sekundenschnelle, was mitunter erst im Laufe vieler Jahre entstehen konnte. Die Macht des Zorns liegt in der Kraft, die wir durch ihn erhalten. Ganz anders als in depressiven Stunden versprühen Menschen in Rage wütende Blicke und warnen dadurch andere, besser in Deckung zu gehen und sich nicht mit ihnen anzulegen. Der Verdruß kann ganz verschiedene Formen annehmen. Da gibt es zum einen die plötzliche Wut, die uns beispielsweise unvermittelt beim Autofahren packt, wenn der Vordermann uns gerade den Parkplatz wegnimmt, den wir schon die ganze Zeit im Auge hatten. Zum anderen gibt es den schwelenden Zorn als Antwort auf eine uns zugefügte Ungerechtigkeit, der wie ein Feuer aus den eigenen Gedanken geschürt wird, lange in uns gärt und oftmals den Ausgangspunkt für eine eiskalt ersonnene Rache bildet.

Die Wut kann als emotionale Antwort auf eine Bedrohung gesehen werden, der wir uns gewachsen fühlen, so daß wir uns angriffsbereit zum Kampf stellen. Sie gehört zu den elementaren Grundgefühlen und drückt sich deshalb weltweit auch in gleicher Weise körperlich aus.

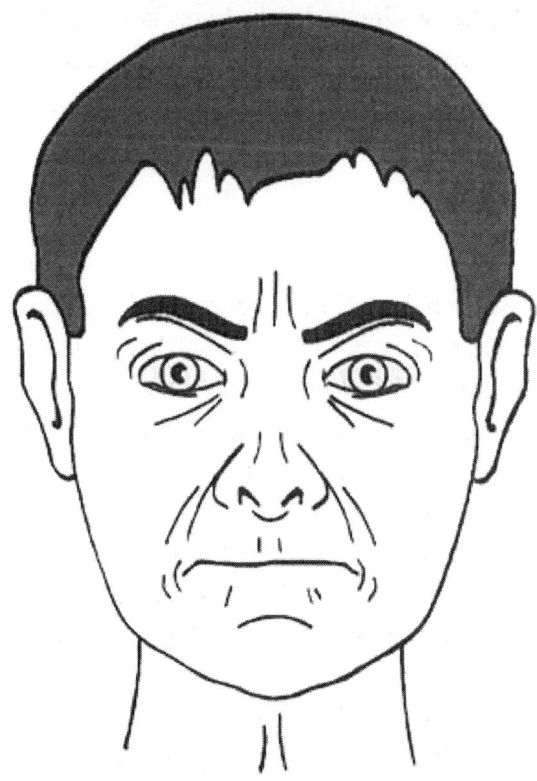

Abb. 163

Der typische ärgerliche Gesichtsausdruck entsteht dadurch, daß die Augenbrauen zur Stirnmitte hin nach unten gezogen werden, was die charakteristischen senkrechten Zornesfalten auf die Stirn zaubert. Die Augen verengen sich schlitzartig und bekommen einen starren, durchdringenden Blick. Die Lippen sind meist fest zu einer geraden Linie geschlossen, die Mundwinkel dabei leicht nach unten gezogen; manchmal ist der Mund auch wie zu einem stummen Schrei geöffnet. Einen wutschnaubenden Gesichtsausdruck bekommen Leute mit bebenden Nasenflügeln.

Abb. 164

Wie ein Panther auf dem Sprung ist dieser Mann kurz davor, handgreiflich zu werden. Die Fäuste sind zum Schlag geballt und das Gesicht ist zu einer furchterregenden Grimasse verzogen. Die weit aufgerissenen Augen und gefletschten Zähne als Drohgebärde erinnern an ein wildes Tier. Evolutionsbiologisch betrachtet, ist dieses Imponiergehabe und die Zurschaustellung der eigenen Kraft ein sehr altes Verhaltensmuster, das man auch an Schimpansen im Zoo studieren kann.

Abb. 165

Eine weitverbreitete Geste, um jemandem mitzuteilen, daß man momentan nicht so gut auf ihn zu sprechen ist, stellt das symbolische Erwürgen mit beiden Händen dar. Bei dieser recht eindeutigen Botschaft wird mit beiden Händen der imaginäre Hals des verhaßten Zeitgenossen umklammert, wobei man zumindest in der eigenen Vorstellung fest zudrückt.

• Tip: Körpersprache bewußt einsetzen
Beobachten Sie sich selbst, wenn Sie wütend sind, und spüren Sie, wie sich dieser Prozeß entwickelt. Sie werden feststellen können, daß es Ihnen hervorragend gelingen wird, so richtig zu kochen, wenn Sie Ihrer Wut den nötigen Raum in Ihrem Kopf geben und kräftig darüber nachgrübeln. Anstatt durch das »Brüten« ständig Öl ins Feuer zu gießen, sollten Sie – auch wenn es noch so schwerfällt – sich selbst und den anderen zuliebe versuchen, wieder Herr Ihrer Gefühle zu werden und dem Zorn Einhalt zu gebieten.

Dazu ist es von Vorteil, als erstes eine entspannte Körperhaltung einzunehmen, in den Schultern loszulassen und die Gesichtsmuskulatur zu lockern. Ist der Körper erst gelöst, wird es Ihnen auch mit den Gedanken viel leichter gelingen. Eine der besten Methoden, dem Ärger jegliche Grundlage zu entziehen, ist, die Dinge in ein anderes Licht zu setzen und aus dem veränderten – im Falle der Zorneindämmung natürlich positiveren – Standpunkt heraus zu betrachten. Geben Sie dem Ärgernis auch einen positiven Aspekt, und greifen Sie so frühzeitig und effektiv in den Entstehungsprozeß der Wut ein. Auf diese Weise sparen Sie sich den Atem und Ihre Energien für lohnenswertere Tätigkeiten als einen Wutausbruch.

Zuneigung

Außer eingefleischten Misanthropen ist wohl niemand gerne allein, sondern schließt im Laufe seines Lebens eine Menge Freundschaften mit den unterschiedlichsten Menschen. Manche von ihnen können zu sehr guten und langjährigen Freunden werden, einige wenige sogar zu engen Vertrauten, mit denen man durch ein ganzes Leben verbunden bleibt oder eine Familie gründet.

Je verbundener wir uns einem Menschen im Geist fühlen, desto größer ist zumeist auch das Verlangen, ihm körperlich nahe zu sein und das Gefühl der Zusammengehörigkeit mit ihm zu teilen. Unsere Körpersignale sind eine Möglichkeit, der geliebten Person unsere Zuneigung zu zeigen und andererseits allen anderen potentiellen Rivalen unseren »Besitzanspruch« zu signalisieren.

Abb. 166

Zwei Menschen, die so umarmt beieinander sitzen oder stehen, teilen dieselbe Gefühlswelt. Der Blick beider ist ruhig und vertrauensvoll auf den gleichen Punkt gerichtet und spiegelt die Übereinstimmung auch auf der geistigen Ebene wider. Dieser Körperkontakt hat keinerlei fordernde Qualitäten und ist frei von jeder Anspannung. Beide haben sich aufeinander eingelassen und schöpfen Kraft aus der Gemeinsamkeit. In dieser Körperhaltung drückt sich die tiefe Verbundenheit beider Partner aus.

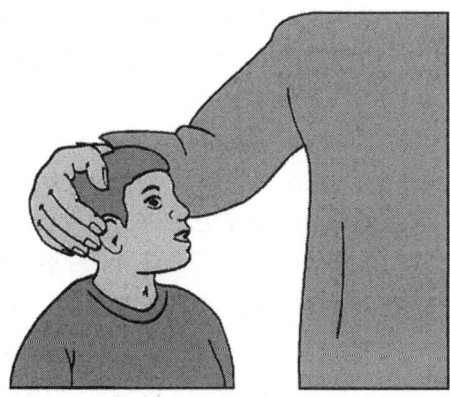

Abb. 167

Ein weltweit verbreitetes Bild sorgender Zuneigung ist die schützende Hand der Mutter auf dem Kopf ihres Kindes. Durch leichtes Tätscheln auf den Kopf werden kleine Kinder in weiten Teilen der Welt freundlich begrüßt oder verabschiedet, weil die formellen Formen noch unangemesssen erscheinen. Ausnahmen bilden einige fernöstliche Länder, in denen diese Art des Grußes eine schlimme Beleidigung wäre. So dürfte beispielsweise in Thailand der Kopf als heiligster Körperteil nie auf diese Weise berührt werden (Abb. 167).

Abb. 168

Der Kuß zweier Liebender auf den Mund als eindeutig sexuell betonter Körperkontakt leitet sich ursprünglich von der Nahrungsübergabe durch den Mund ab. Früher wurde die Umstellung von Muttermilch zu fester Nahrung über den Zwischenschritt des vorgekauten Essens vollzogen, das dem Kleinkind von Mund zu Mund übergeben wurde. Bis heute ist diese Tradition innerhalb einiger Stammeskulturen noch lebendig. Die intensivere Form des normalen Mundkusses, der Zungenkuß, deutet heute noch auf den Zusammenhang mit dem Fütterkuß hin.

Geküßt wird weltweit, Unterschiede finden sich nur darin, was in der Öffentlichkeit toleriert wird. Während es in westlichen Ländern mittlerweile völlig normal ist, sich überall nach Herzenslust zu küssen, gilt der Mundkuß in der islamischen Welt als vulgär und sollte nur intimeren Gelegenheiten vorbehalten sein.

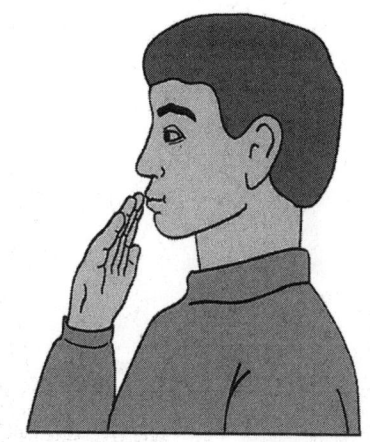

Abb. 169

Ein zurückhaltenderes Zeichen der Zuneigung ist der Kuß, den man seiner/m Liebsten von den Fingerspitzen zubläst. Ist es nicht möglich, sich gerade einen echten Kuß zu geben, so kann man ihn per Luftpost verschicken. Dazu werden erst die Fingerspitzen geküßt und dann wird der darauf befindliche Kuß dem Schatz zugeblasen. Mit dieser liebenswerten Geste küßt man seine/n Geliebte/n oder auch ein Kind aus der Ferne (Abb. 169).

Abb. 170

Eine sehr erotische Art, seine Zuneigung zu bekennen, ist der Kuß auf den Hals. Dieser Kuß unter Liebenden ist in seiner Bedeutung noch wesentlich intimer als ein Kuß auf den Mund, weil hier der Übergang zum Körperkuß vollzogen wird. Bei beiden Geschlechtern ist der verletzliche Hals mit seiner zarten Haut eine sehr erogene Körperstelle, wodurch er auch beim Liebesspiel zum begehrten Ziel der Küsse wird. Nachdem zuerst die Europäer auf den Kußgeschmack gekommen waren, ließ sich dieses wunderschöne Liebesbekenntnis nicht aufhalten und eroberte bald die ganze Welt.

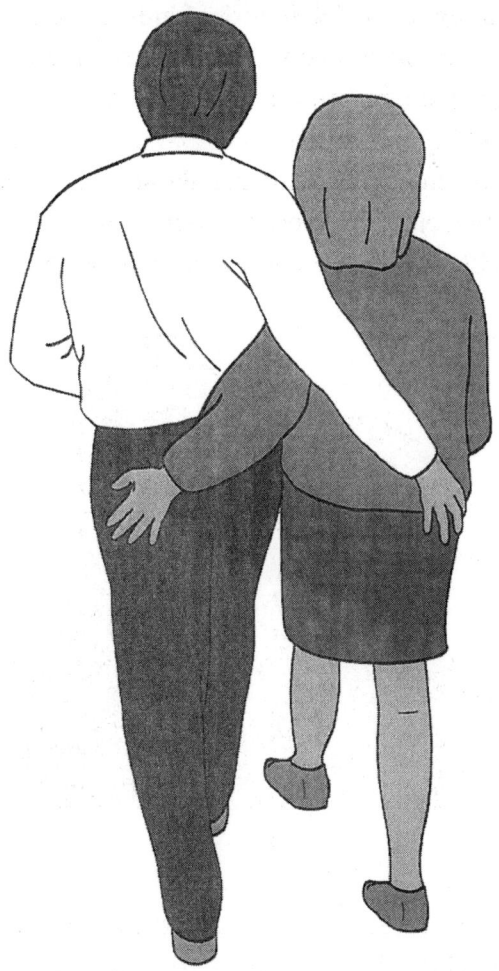

Abb. 171

Eine recht ungezwungene Art, dem anderen zu zeigen, daß man ihn nicht nur mag, sondern auch sexuell attraktiv findet, ist es, die Hand auf seinen Po zu legen. Diese Geste hat aber nicht nur einen zärtlichen, sondern auch einen deutlich besitzanzeigenden Charakter, denn worauf man die Hand hält, das läßt man auch nicht so schnell los. Ein möglicher Rivale kann sofort erkennen, daß diese Umarmung mehr ist als nur eine bloß freundschaftliche Geste. Da beide Partner diese intime Geste in der Öffentlichkeit dulden, bekennen sie sich auch vor aller Welt zueinander; d. h. es wäre für einen Eindringling auch völlig sinnlos, Energie in einen Flirt zu investieren.

• **Tip: Körpersprache bewußt einsetzen**
Sollten Sie Probleme damit haben, so sollten Sie wieder lernen, den Menschen, die Sie lieben, Ihre Gefühle und Ihre Zuneigung zu zeigen. Zu einer guten sozialen Kompetenz gehört es, die eigenen Gefühle ausdrücken und mitteilen zu können. Sie werden dabei feststellen können, daß Gefühle »ansteckend« sind und wie ein Echo zu Ihnen zurückgeworfen werden, wenn Sie nur den Mut haben, den ersten Schritt zu tun. Indem Sie andere Menschen wissen lassen, daß Sie ihnen zugetan sind, werden auch sie sich öffnen und jede Begegnung mit Ihnen als emotionale Bereicherung ansehen. Sie werden sehen, daß Ihre Beziehungen an Fülle und Tiefe gewinnen, wenn es Ihnen gelingt, Ihre Emotionen unverfälscht zu leben.

Zweifel

Sollten Sie manchmal daran zweifeln, ob Ihre Ausführungen für andere Zuhörer zweifelsfrei sind, verzweifeln Sie nicht, denn hier erfahren Sie mehr über solche zweifelhaften Zustände. Aber genug des Wortwitzes, denn sonst beginnen Sie am Ende noch den Inhalt dieses Kapitels zu bezweifeln.

Im Gegensatz zu dem Absatz über Lügen (siehe S. 134) werden hier nicht die Körpersignale beschrieben, die jemand zu zeigen pflegt, wenn er die Unwahrheit verkündet, sondern diejenigen, die ein Vortragender beobachten kann, wenn sein Auditorium ungläubig ist.

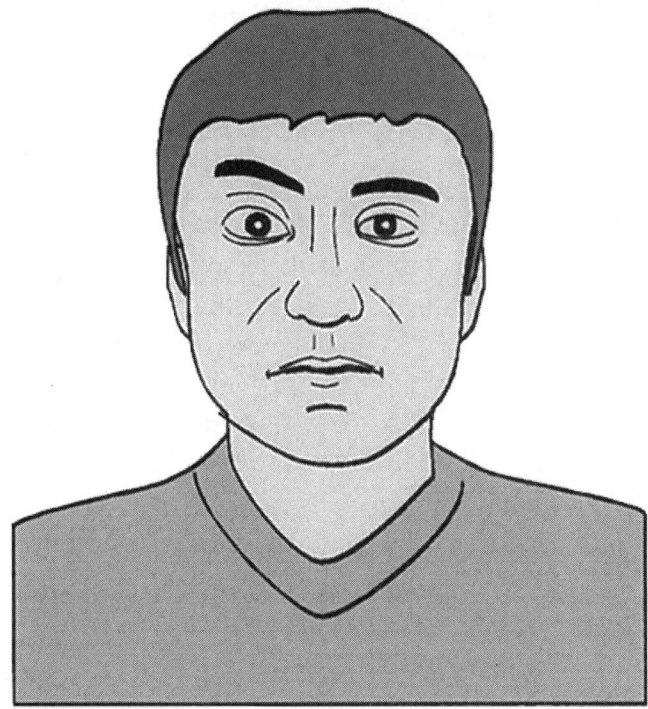

Abb. 172

Ein typisch zweifelnder Gesichtsausdruck entsteht durch die Kombination eines halb zugekniffenen und eines weit aufgerissen Auges. Dieser Ausdruck der Ungläubigkeit wird auch durch eine einseitig hochgezogene Augenbraue gezeigt. In beiden Fällen vermittelt diese Geste eine zwiespältige Haltung, denn das eine Auge blickt mißbilligend, das andere zur gleichen Zeit erstaunt. Der Zuhörer zeigt damit unmißverständlich, daß er über das Gesagte recht überrascht ist, zugleich aber daran starke Zweifel hegt.

Neben diesem reinen Gesichtsausdruck gibt es aber noch eine ganze Reihe von Gesten, die Ihnen signalisieren, daß man Ihren Worten keinen rechten Glauben mehr schenkt.

Abb. 173

Das unbewußte Reiben des eigenen Kinns ist in gewisser Weise eine Übersprunghandlung des Zuhörers, der Ihnen in diesem Moment nicht so recht abnimmt, was Sie ihm erzählen. Er würde gerne etwas dazu sagen, der Rahmen oder die Rollenverteilung erlauben es ihm jedoch nicht. Aus diesem inneren Konflikt heraus handelt er sozusagen im verborgenen und verschafft sich Erleichterung, indem er sich selbst berührt. Obwohl diese Geste weltweit zu beobachten ist, findet sie doch recht wenig Beachtung, weil ihre Bedeutung kaum bekannt und der Redner meist viel zu sehr mit sich selbst beschäftigt ist, um dieses sublime Warnzeichen wahrzunehmen.

Je nach Land und Leuten fallen die Berührungen unterschiedlich aus. In den Niederlanden ist es der verräterische Daumen, an dessen Spitze der Zweifler lutscht, während der Nordamerikaner sich ungläubig über die Wange streicht.

Abb. 174

Der Südamerikaner legt sich mißtrauisch den Finger auf den Adamsapfel, um unbewußt auf die Quelle der Lügenworte zu deuten, und der Schotte traut seinem Ohr nicht, wenn er es zwischen Zeigefinger und Daumen langzieht. Bei letzterer Geste handelt es sich um eine Variante des weltweit verbreiteten Kratzens hinter dem Ohr als Zeichen der Ungläubigkeit.

Ein sehr viel deutlicheres Signal, dem Erzähler klarzumachen, daß er wohl Unfug redet, ist das in Deutschland, Österreich und Spanien gebräuchliche Hin- und Herdrehen der Hand neben dem Kopf, mit dem ausgedrückt wird: »Hier stimmt doch was nicht!« Zumeist wird dabei das Gesicht noch leicht verzogen, wodurch die ablehnende Haltung noch deutlicher wird. In Griechenland und Nordfrankreich ist das verächtliche Hochschnippen des Kinns mit einem Daumen als klares Zeichen des Mißtrauens zu werten, während der Süditaliener sich die Nase mit Zeige- und Mittelfinger zuhält, wenn er den Eindruck hat, daß hier etwas faul ist und »stinkt«.

• Tip: Körpersprache bewußt einsetzen

In diesem Fall geht es mehr darum, Körpersprache bewußt zu lesen. Achten Sie auf Körpersignale des Zweifels bei Ihrem Gesprächspartner, denn nur so können Sie rechtzeitig erkennen, ob er Ihnen noch wohlgesinnt folgt oder Ihren Ausführungen ungläubig gegenübersteht. Wenn Ihnen klar ist, daß dem anderen gar nichts mehr klar ist, sollten Sie sich bemühen, die Karten offen auf den Tisch zu legen oder in Zukunft besser zu mischen. Auf jeden Fall sollten Sie innehalten und nicht in derselben Art und Weise fortfahren, wie Sie es bis zu dem Zeitpunkt getan haben. Überdenken Sie Ihre Gesprächstaktik und -inhalte neu, sonst laufen Sie Gefahr, an Glaubwürdigkeit zu verlieren.

Literaturempfehlungen

Barth, Marcella /Markus, Ursula: *Alles über Körpersprache der Kinder.* Ravensburg, 1996

Birkenbihl, Vera F.: *Signale des Körpers.* Landsberg, 1995

Dörffler, Johannes: *Die Kunst der Menschenkenntnis.* Rastatt, 1995

Lauster, Peter: *Menschenkenntnis.* Düsseldorf 1996

Molcho, Samy: *Alles über Körpersprache.* München, 1995

Molcho, Samy: *Körpersprache der Kinder.* München, 1996

Molcho, Samy: *Körpersprache im Beruf.* München, 1996

Morris, Desmond: *Bodytalk.* München, 1997

Rebel, Günther: *Was wir ohne Worte sagen.* Landsberg, 1993

Weiss, Josef /Rebel, Günther: *Mit Körpersprache und NLP zum Erfolg.* Landsberg 1993

Zielke, Wolfgang: *Sprechen ohne Worte.* Bindlach 1994

Register